つくられる「嫌韓」世論

憎悪を生み出す言論を読み解く

村山俊夫

明石書店

まえがき

２０１９年7月20日、以前、日本大使館があったビルの向かい側にたたずむ「平和の少女像」の前で、集会が開かれた。土曜日だった。旧日本軍「慰安婦」の名誉と尊厳を守るための「水曜集会」はすでに１３９６回目を迎えていたが、この日そこに集まった１０００名あまりの人びとはいつもとはちがうプラカードを手にしていた。

「経済報復　安倍糾弾」「ＮＯ 安倍！」

7月1日から実施された半導体部品3品目の日本からの輸出規制措置に加えて、8月28日からは経済産業相が安全保障上の懸念があると判断すれば、個別の審査を受けなければならなくなるという、「貿易優遇国からの除外」措置を日本政府が決定したためだった。

本書で紹介しているように、２０１８年初めの平昌《ピョンチャン》オリンピック以来、日本と韓国のあいだには様々な問題が噴出した。そしてその都度、日本でも韓国でも国民のあいだで互いに相手に対する不信や嫌悪感を募らせていることが報じられてきた。だが果たして、そのような険悪な雰囲気は両国民のあいだに自然発生的に醸成されてきたものだっただろうか。むしろこの間、マスコミや社会的に影響力をもつ特定の人びとの意図的な言動によって、日韓対立の抜き差しならない緊張が生みだされ、増幅されてきたのではなかったかと、筆者は考える。

この日の集会で発言をした人たちも、日本政府のそれまでの態度に強い怒りを表明することはあっても、日本人をすべて否定してしまうような「ヘイトスピーチ」を語ることはなかった。見渡すと会場の一角には日本語で書かれたボードを手にした市民のグループもいた。微笑みながら記念撮影をするその人たちのもつプラカードには「京アニ火災　心よりご冥福をお祈りいたします」という文字があった。二日前に起きた「京都アニメーション放火殺人事件」の犠牲者を哀悼する人びとだった。日本政府に対しては憤りながら、日本人の創り出した文化をリスペクトし、非道な犯罪を憎むその市民の表情からは、両国民が決して断絶されているわけではないというメッセージを読みとることができた。

しかし、旭日旗を切り裂くパフォーマンスが「反日デモ」の証として大々的に伝えられる一方で、この行動が日本で報道されることはなかった。後に光化門広場に会場を移して8月も続けられた集会のさなか、ある日本人青年が会場の横に立ってフリーハグを決行したという記事が載ることはあった。深読みをすれば、日本人が手をさしのべ、韓国人がその心意気に応えて涙を流しながらハグに応じるという構図は、日本人に受け入れやすかったからかもしれない。

こうして言論は数多くの事実のなかから読者が望むような事実だけを切りとってフレームを作りだしていく。それは言論が自ら選びとった自発的な行動のように見えるが、言論をとりまく日本社会の状況がその選択を後押ししていることを見逃してはならないだろう。政府に批判

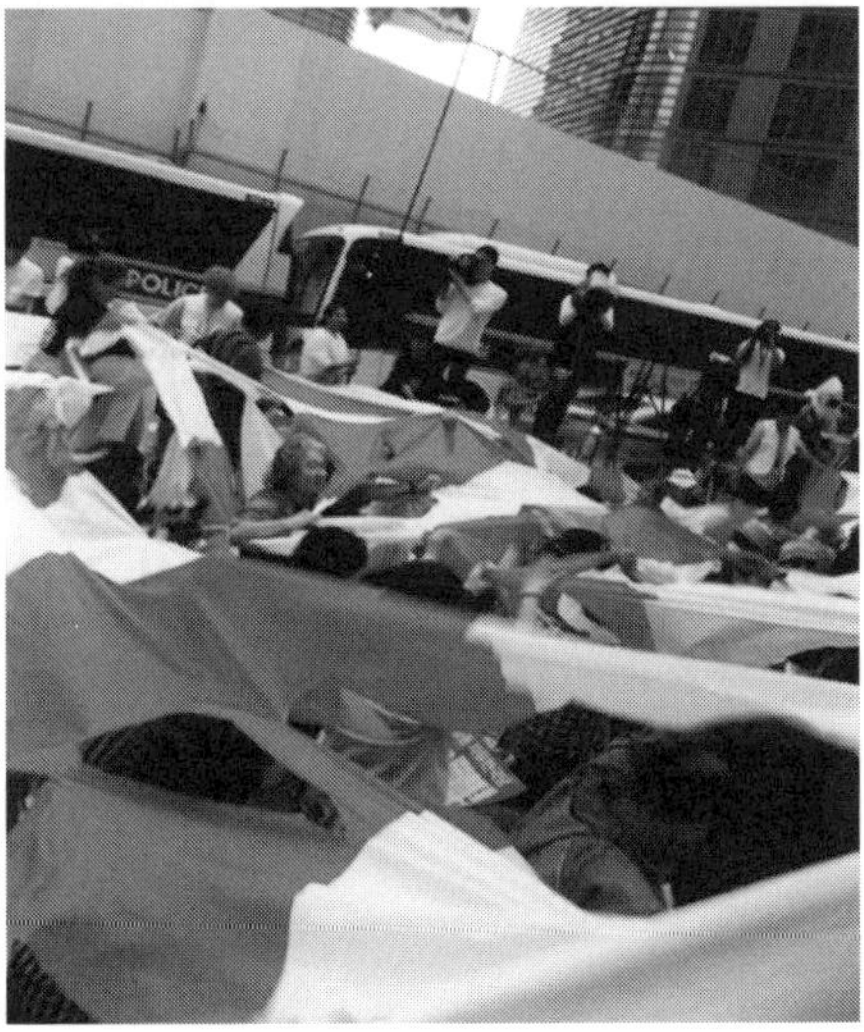

旧日本大使館前の安倍政権糾弾集会
2019年７月20日

的な見解をのせればたちどころに非難のコメントが殺到して炎上し、かわりに韓国や中国を罵倒する暴力的な言葉があふれかえる現実がある。そしてその背後に日本政府の冷静に計算された意図が見え隠れする。本書で紹介した事例はその一部に過ぎないが、執拗にくり返される「韓国叩き」の報道の根底には日本人が歴史をどう見ようとしているのかという問題がある。

言論はそこから目をそらせることなく、絶えずふり返り検証していこうとする姿勢が必要なのではないか。日本政府が「完全に解決済み」と、感情をむき出しに韓国政府や被害を訴える人びとを罵倒するときに、「本当に解決したのか?」という問いを投げかけることが言論の本来の役割ではなかったのか。

だが言論だけを責めるわけにはいかないだろう。現在の自分がつながっている過去を見直すことは、一人ひとりの内面の作業でもある。そうして言論が一方的な情報を流しているかもしれないと疑う慎重さは、私たちに身近な、つい最近のできごとのなかでも頻繁に遭遇してきた現実を前に必要とされる態度だった。

2019年に急逝した俳優の木内みどりさんは、以前は政治的、社会的な発言を活発にすることはなかったが、2011年の東日本大震災と福島第一原発事故をきっかけに少しずつ変化したという。変化のきっかけは「元京都大 原子炉実験所の小出裕章氏が『騙されたあなたにも責任がある』と発言したことだった。『騙されてきた』自分はなぜ騙されたのか。大きな新聞やテレビ・ラジオも本当ではないことを報道することがある」（ウェブラジオ『小さなラジオ』開局にあたって）と語っていた。

やがて彼女は2015年9月17日の午後に、参院特別委員会で安保法制が強行採決されたとき、国会前でスピーチを行い、「こんな法案、絶対に通さない」と叫ぶほど、強い信念を獲得するようになった。その姿は氾濫する濁流のなかに、流されまいと屹立し続ける古木にも似て凛としていた。

濁流は今もそこかしこにあふれ、流れ続けている。ふんぷんとした悪臭を放ちながら。私たちは今、その奔流のなかを手探りしながら寄る辺を探し当てなくてはならない。足元をすくわれないように、注意深く。

本書では2018年から2019年にかけて吹き荒れた「嫌韓の嵐」の爪痕をたどろうとした。国交正常化以降、最悪の日韓関係といわれる現在の状況は、言論が巻きおこす静かな熱狂を伴って、つむじ風から巨大な暴風へと増幅していった。一方で安倍政権は「森友・加計学園」から「桜を見る会」に至るまで、政権の末期症状を露わにしながら、今も国民の怒りをあらぬ方向に向けることで危機をしのぎ続けている。

だが、この状況は単に日韓関係の問題にとどまらない危機をはらんでいる。哲学者・内田樹は安倍政権が「国論を二分し、意図的に国民を分断することで政権の浮揚力を得ている」と看破し、「有権者の30％のコアな支持層を固めていれば、残りの70％の有権者が反対する政策を断行しても、政権は維持できることがわかった」と分析した（「桜を見る会考」毎日新聞、２０２０年1月7日）。

韓国の立場を理解しようとしたり、日本政府を批判する者は「反日」と追いやり、嫌韓コールに唱和する追随者だけを囲いこむ。これが国民を二分して政権を浮揚させる戦略の一環であるばかりか、政権の望む国家統合への訓練になるとしたら、私たちは気を引き締めて備えなければならない。その行き先には多くの国民が決して望んでいない、「戦時体制」がリアルに浮かびあがってくるからだ。

本文中、引用した方々の名前に敬称はすべて省略したが、必要に応じて肩書を付した。また、引用文中の強調は引用者による。

つくられる「嫌韓」世論——憎悪を生み出す言論を読み解く◎目次

国民統合への野望――コロナも、オリンピックも

世界を未曽有の感染症パニックが襲った。中国で発生したといわれるコロナウイルスが世界188か国に広がり（AFP通信2020年4月3日現在）、WHOは3月11日に2009年以来11年ぶりにパンデミック（世界的流行）であることを宣言した。日本では1月16日に初の感染者が確認されたが、特に東南アジアめぐりのコースから戻ったクルーズ船「ダイヤモンドプリンセス号」で感染者が発見されてから、一気に日本での大流行への不安が拡散した。2月18日に乗船した岩田健太郎教授（感染症内科）が船内の状況をYouTubeに投稿して政府の対応を批判したことが話題になったが、動画のなかで「これまで20年以上感染病に取り組んできて、これほど自身が感染する恐怖を感じたことはなかった」と船内の危険な状況を訴えていた。こうして4000人近い乗客、乗務員を乗せた船は2月5日から21日まで横浜港に留め置かれ、陸地から厳重に隔離されながら結局13名の死者を出すにいたったことや、下船時に陰性判定だった人が、後に陽性に反転して隔離されるという事態が起きて、感染への恐怖を一層増幅させた。

一連の事態に対する政府の不充分な対応への批判が高まった。
元厚労相・前都知事の舛添要一は「2月25日になってようやく感染拡大を防ぐための基本方針を決めましたが、遅すぎます。専門家会議を設けるのも遅かった。安倍政権はこの1、2カ月、いったい何をしていたのでしょうか」（朝日新聞、2月28日）と厳しく叱咤し、「安倍首相の応援団」と目されている作家の百田尚樹もツイッターで「安倍総理はこれまでいいこともたくさんやってきた。しかし、新型肺炎の対応で、それらの功績はすべて吹き飛んだ。もし、私が想像する最悪の事態になれば、後年、『鳩山由紀夫・菅直人以上に無能な首相』の烙印を押されるかもしれない」と「造反」して保守陣営をあわてさせたという
現政権への風当たりが強くなってきたのを意識したのか、2月末になって安倍首相は「積極果敢な措置を」「躊躇なく断行する」として矢継ぎ早に新しい対策をうち出しはじめた。2月26日に人が多数集まるイベント開催の自粛、27日には全国の小中高校の一斉休校の要請を行ったが、共働きの家庭では子どもをどこに預ければいいのか途方に暮れ、休校が長期化することを想定すればウイルスに対する備えだけではすまなくなった。安倍首相はこのような状況で28日に百田尚樹を公邸に招いて食事をともにした。そこで何が話されたのかは「プライベートなことなので公にできないが……いい会談だった」（29日のツイッター）そうだが、3月に入ると5日には「機動的な水際対策」と称して、中国、韓国からの入国制限強化とビザの効力停止など

が発表された。これに対しては専門家会議などと慎重な議論もなく、科学的根拠も示さないまま唐突に発表がなされたことに対する批判もあったが、中国や韓国をターゲットに断固たる姿勢を見せたことに快哉を叫ぶ向きもあった。この措置に対して韓国政府は「事前に何の協議もなく一方的に宣言した」と不信を露わにし、日本側が通告した3月9日より、同様の措置を対抗的にとることを日本に伝えた。同日の記者会見で菅官房長官は「日韓関係に影響を与えることを意図した措置では全くない」といい切ったが、同じ日の参院予算委員会で野党の質問に対し、安倍首相は自ら政治判断を行ったと述べた。

「予算委で立憲の蓮舫参院幹事長は『中韓の入国制限に科学的根拠はあるか』とただした。首相は『外務省と相談した』としながらも、『最終的に政治的な判断』と述べ、自身の政治判断だったと明らかにした」(毎日新聞、3月9日)

ここでいう政治判断とは、習近平主席の日本訪問を延期するという中国側の決定が伝えられたことを受けて、その3時間後に発表されたことをさすとみられる。それまでは制限措置をすることが公式訪問に悪影響をおよぼすという判断が働いて決定できなかったと見られているが、韓国に関しては、実は韓国政府が対抗措置を発動することも織りこみずみだったのではないだろうか。両国が再び政治的摩擦を引きおこすことで、少なくとも一方的に国内での批判にさらされている現在の状況から、国民の目をそらせることができると考えた可能性がある。それは現政権が韓国との確執を今に至るまで執念深く引きずってきていたからだ。本書で時系列にしたがって様々な韓国バッシングの様相を明らかにするなかで、読者は背景にいつも政府の政治的判断が見え隠れしていることに気づくだろう。

こうした経過を経て3月13日、参議院本会議で「新型インフルエンザ等対策特別措置法の改正案」が賛成多数で可決された。2012年に新型インフルエンザの対策を総括して野田内閣で制定された「新型インフルエンザ等対策特別措置法」に、内閣総理大臣が「緊急事態宣言」を発することができるよう附則を追加するものだった。

問題は「緊急事態宣言」によって何が規制されるようになるかということだった。緊急事態に対応する物資や生産施設の統制など、経済活動の政府によるコントロールも問題になりうるが、外出制限や多数が集まる施設の使用制限を可能にすることで反政府集会などを規制することができる法的根拠を与えることになる。さらに首相が指示を与えることができる「指定公共団体」として、NHKが含まれていることから、放送内容への指示、干渉が行われるのではないかという憂慮が提起された。実際に2020年3月4日、「羽鳥慎一モーニングショー」出演者がマスクの配布に関して行った発言に対し、厚労省がツイッターを通してすぐに反論をするといったことも、これまでに見られなかった言論圧迫の一事例といえるだろう。しかも同様の反論は「Nスタ（TBS）」や「CNN（アメリカのニュースチャンネル）」などに対しても行われたことが明らかになっている。

コロナウイルス感染拡大の危険性を理由にした集会の規制については、韓国ですでに2月21日からソウル市内、光化門広場、ソウル市庁前広場など数か所での集会が禁止となり、警察力を動員した統制が予告された。これは特に光化門広場での集会が、最近は反政府的な主張を声高に叫ぶキリスト教保守派を中心に、太極旗部隊と呼ばれる中高年を中心にしてほぼ毎週末に行われつづけていたためだった。韓国で感染が爆発的に広がったきっかけが、大邱という韓国三番目の大都市で、「新天地」と名乗るキリスト教系の宗派の集団礼拝で感染が起きたことによることから、高齢者を多く含んだソウルでの集会が危険視された結果だった。その余波は「慰安婦の名誉回復」を訴える、旧日本大使館前の水曜集会にもおよび、同日開催予定だった1428回目の集会（1992年から続いている）からは、オンライン中継で集会を伝え、共有するようにせざるをえなくなった。

「感染予防のため」という理由は説得力をもつが、場合によっては時の政府の政治的利益に反するような市民的権利が制約を受ける恐れがある。また、放送などへの介入については、現実にこれまでもいくつかの干渉例があったことを想起すれば単なる可能性にとどまるとはいい切れないだろう。

だが、さらに重要な問題はこの改正案を可決するにあたって、野党の多数が賛成したという点だった。首相に大きな権限を与えることになる法の改正に野党が同調したことと、「国難の克服」という大義名分を立てて挙国一致の政治体制に突き進んだ戦前の状況をオーバーラップさせて見るのは果たして短絡に過ぎるだろうか。

『ナチスの「手口」と緊急事態条項』などの著書をもつ石田勇治教授は次のような危惧を訴えている。「自民党は今回の経験をもとに、憲法に緊急事態条項を書き込もうとするでしょう。しかし法律に基づく緊急事態と、憲法に基づくそれとでは全く意味が異なります。後者の場合、戦争、内乱、恐慌、大災害などの非常事態において、通常の立憲的な法秩序（権力分立と人権保障）を一時停止して緊急措置をとる権限を政府が行使することを意味するからです」（毎日新聞、2020年4月15日夕刊）。

安倍政権の至上の課題は憲法「改正」だといわれる。それはまた自民党の結党以来の悲願だともいう。2015年に強行採決された安保関連法案によって自衛隊の海外派兵が可能になったとはいえ、実際に日本が戦争を遂行するために必要な体制を築きあげるには多くの過程を経なくてはならない。そのもっとも根幹をなすものが日本国憲法に「大日本帝国憲法」の理念を吹きこんで再生させる「改憲」であるという点で、現政権は自らの使命をよく自覚しているともいえる。ただし、それを国民の大多数が望んでいるとはいえない現実が彼らの前に立ちはだかっている。時に数を頼みに政策の実施を強行し、時に野党を巻きこんで挙国一致の雰囲気を演出しようとする策動はそれに対する焦りの表れであるだろう。

戦前の挙国一致＝国民総動員体制の要には国民統合の雰囲気づくりがあった。天皇という絶対的な求心点に統合される皇国臣民として国民を再生させるシステムが、社会の隅々で機能していた。現代にはその意味での絶対的な求心点は存在しないが、疑似的にそれに似たような役割を果たしているのが「空気」といわれるものだ。周囲の多くの人びとが同意し、同調していることに自分自身も合わせることを強要し、従わない者はそこから排除されてしまうというシステムで、排除する側は決まって「そんなにいやなら辞めろ」「気に入らなければ出ていけ」といった呪文を浴びせる。私たちは成年になる前に、学校にいるあいだにそれを体得するような社会を生きている。だが、この「空気」というものは相対的なものであり、刻々に変化しうるものであるために、恣意的に作りだすことも可能だ。

たとえば2019年に天皇が代替わりしたときの、作りだされた「熱狂」がある。そのとき新しい年号を直前まで発表しないことで、人びとの好奇心を新天皇と皇后即位への関心に導いたり、皇后の元外交官としての有能さを、くり返し報道することで女性の共感やあこがれを引きだそうとした。数年前まで「適応障害」云々をもち出してバッシングに近い報道をためらわなかったマスコミが、大いに豹変したのは、「国民統合」を企図する政府の意図に歩調を合わせようとしたからだったと思われる。天皇関連の行事がその後も続いたが、即位に関連した社会の動き、政治日程、儀式の解説など新聞、テレビなどのマスコミは一枚岩と言えるような均質性を発揮して祝意にあふれる報道を続けた。ほかにもたとえば新天皇の即位を祝う「賀詞(祝いの言葉)」を国会や全国の市町村・県議会などで議決することもあった。「天皇陛下におかせられましては風薫る佳き日に御即位あそばされ……」(全国市議会議長会、2019年6月11日)といった戦前の天皇賛歌を聞くような内容の賀詞を、数多の市町村議会が次々と可決していったことも、国民統合の追い風を生みだす動きと見える。

10月22日の「即位礼正殿の儀」ではモーニングを着た安倍首相が万歳三唱を高らかに叫ぶ姿が世界中に報道され、80年前の神国・日本が今もなお生きているかのように誤って受けとられかねないメッセージを送りだした。即位に関連した儀式の模様はこの間、絶えずテレビ等を通じて国民に伝えられ続け、皇室の存在をあらためて、変わらぬ日本の「大切な文化伝統」として刷りこむ役割を果たそうとした。さらに天皇を利用して国民統合をはかろうとする人びとの隠しきれない本音が現れた出来事が11月9日の「国民祭典」において起きた。若い世代にもアピールするために「嵐」が奉祝曲を歌うという演出もわざとらしかったが、プログラムが終了し、天皇、皇后が退場するときに誰かが「天皇陛下万歳」を叫ぶと、それに続く唱和がくり返されて、結局16回も続いたという。これには若い人のなかにも「気持ち悪い」という感想がつぶやかれるほど違和感のあるパフォーマンスと受けとめられ、主催者側の思惑は見事に外れてしまった。

次に政府が国民統合の重要な契機と考えていたものが「オリンピックの成功」だった。

2013年9月、ブエノスアイレスで行われた招致プレゼンテーションで安倍首相は、各国が最も懸念していた福島原発事故による放射能汚染の問題について、**「状況はコントロールされており、東京に決してダメージは与えない」「汚染水による影響は、福島第一原発の港湾内の0・3平方キロメートルの範囲内で完全にブロックされている」**と意気揚々、自信に満ちた口調で語りかけた。

そのアピールが功を奏したといわんばかりに、東京開催が決まった8日の未明、各放送局、新聞社などは一斉にこの「朗報」で紙面を埋めつくした。

だが、首相のアピールが嘘であったことはその後の経過で徐々に明らかになり、汚染水の処理はもはや海に放出するしかないところまで追いつめられている。その事態はすでに、プレゼンテーションの数日後、小出裕章（「まえがき」6ページ前出）が「あり得ない話」と断言していた。

「そんなことあり得るはずがない。海というのはみんな繋がっています。汚染は福島第1原子力発電所の敷地から流れ出て、結局は全ての海に流れていってしまうのです。その時に薄

まっていくというだけであって、どこかで完全にブロックされるなんてあり得ません」（アジアプレスネットワーク、9月13日）

オリンピックの政治利用の最たるものは1936年に開催されたベルリン・オリンピックだといわれる。政権を握って間もないヒトラーがドイツの第一次大戦の敗残からの復興を世界に喧伝し、アーリア人種の優越性を誇示することを目的として仕組まれたナチスのプロパガンダと酷評されている。その最も象徴的な場面は開会式で10万人の観衆が、ナチス式の敬礼でヒトラー総統を迎えたことであっただろう。同じオリンピックで日本の植民地だった朝鮮半島出身の孫基禎《ソンキジョン》選手が、日本代表として金メダルを獲得したという歴史的因縁のある大会でもあった。

ふり返って1964年の東京オリンピックでも、第二次大戦の敗戦国という不名誉な地位からの脱却と、国際社会への復帰という目標が掲げられていた。戦後高度経済成長の入り口に立っていた日本国民は、アジア初のオリンピック開催という栄誉に酔いしれ、失いかけていた民族の誇りをとり戻すことに久しぶりの高揚感を味わっていた。それはオリンピックの、ナショナリズムとの結合がまだ自然に受け入れられていた「幸福な時代」だったのかもしれない。だが21世紀のオリンピックは、国威発揚の場というより、オフィシャルスポンサーやテレビ局など巨大資本の莫大な資金によって動かされる利権のるつぼへと変質をとげ、アマチュアリズムははるか彼方に追いやられた。ナショナリズムはもはや主役の地位をコマーシャリズムに明け渡してしまったかのように見える。だが、後述するように2年前の平昌オリンピックでは「南北の融和」を東アジアでの平和構築の足掛かりにするという、別の意味でのナショナリズムの復権を訴えていた。

そして日本政府はそれに冷水を浴びせるような行動をとり続け、多くのマスコミもそれに追随したり、先駆けたりしながら政府の立場に寄りそおうとしていた。だが自国開催のオリンピックを迎えればそのとき振るった刃はそのまま自身の胸を切り裂く凶刃ともなりえることを忘れてはならない。

現に東京オリンピックに向けられた韓国の冷ややかな視線をうかがわせる風刺ポスターが作られ、それが日本の嫌韓勢力の俎上に載せられた。「サイバー外交使節団」を自称するバンク(Voluntary Agency Network of Korea)という民間団体が製作した「放射能オリンピック」のポスターが韓国叩きの恰好の材料になった。実は福島原発事故による放射能汚染を案じる国際世論は私たちが想像するより根強いものがある。東京へのオリンピック招致が決定した直後に、同様の風刺画がドイツやフランスでも描かれ週刊誌などに掲載された。これに対し日本政府は菅官房長官が在仏日本大使館を通じて掲載紙に厳重な抗議をしたというが、フランスの週刊誌編集長は「われわれは悲劇に対し、ユーモアで立ち向かうが、日本ではそうではないようだ」と日本からの抗議に困惑したという。

一方で市民団体バンクは、東京オリンピックのさ中に旭日旗をもって応援することを中止させるよう、ＩＯＣに要求してもいた。すでに韓国では2019年9月30日に国会本会議で「旭日旗 競技場内 搬入禁止措置を求める決議案」を採択し、日本のオリンピック組織委員会にその旨を伝えていた。しかしＪＯＣは政府の意向を受け、「旭日旗に何らの政治的意図もない」として、韓国側の訴えを黙殺することを宣言した。

これまで日本国内ではＪリーグの試合に旭日旗がもち込まれて応援に使われたことがあったが、アジアサッカー連盟がこれを「政治的扇動」とみなして、日本のチームに制裁を科したのも同年のことだった。旭日旗問題は一部の活動家が日本を貶めるためのプロパガンダなどと片づけてはすまされない問題になっている。詳しくは本書「再び登場した〈旭日旗〉問題」で触れるが、日本政府の対応はこの問題に対し、一貫して強硬突破を図ろうとしているように見える。いや、むしろその結果、日韓のあいだで何らかのトラブルが起きるのを期待しているのではないかと、疑わせさえする。なぜあえてそれを望む必要があるのか。

最近起きている様々な事態が「国民統合」をめざす政府の意図の現れであるとすれば、統合を可能にするもう一つの要素として「敵」を作り出すという方法があることに注目する必要があるだろう。かつて「鬼畜米英」というスローガンが日本国民の団結を促し、無謀な戦争への動員を受け入れさせていったように、日本政府は、北朝鮮、中国に加えて韓国への敵対心を煽ることを通じて、国民に東アジアの情勢に対する危機感をもたせようと躍起になっている。そしてそれらの敵対国家に向かう憎悪が、やがて「美しい国」日本への帰属意識を育み、この国の指導者に従順につき従わせることを、長期執権の先に夢見ているのではないだろうか。

その企てに言論が協調しようとしている。それは何年も前から絶えまなく続けられてきて、今もやむことがない。次章からは、言論を通じた嫌韓感情造成のプロセスを２０１８年の平昌オリンピックにさかのぼってたどることにしたい。

なぜ「韓国」なのか——2018年まで

それはすでに2016年の初頭から始まっていた。プサンの日本領事館前に平和の少女像が設置されたことをきっかけに韓国への報復措置として「日韓通貨交換協定」や漁業協定などの交渉を中断することが発表された。前年末の「慰安婦合意」に違反するという主張だった。実際、少女像設置に対する日本政府やその同調者、追随者たちの反応は異常に過敏だった。その作品から受ける印象は凛とした強い意志を感じさせながらも、近づく人を拒む冷たさや挑みかかる激しさとは無縁な、むしろ穏やかでさえあるのになぜ彼らは激高するのか。そこには何らかの後ろめたさや、十字架を恐れるバンパイアにも通じるものがあるのかもしれない。こうして始まった政治的意図をもつ経済報復措置の原型はこのときにその効果を測っていた。

だがその年が暮れようとする頃から韓国の情勢はかつてない激浪に翻弄され始めた。最高権力者の国政ろう断事件が明るみに出て国民の怒りが沸騰した。ほぼ半年近くのあいだ、週末ごとに百万を超す市民が大統領の退陣を要求して広場に集結した。やがて憲法裁判所の審査が進められ、２０１７年の３月には大統領の失脚と保守政権の瓦解という劇的な反転を迎えた。それまで日本政府やマスコミは朴槿恵《パククネ》前大統領の対外活動を「告げ口外交」と冷笑を浴びせていたが、日韓条約を結んだ当事者だった朴正熙《パクチョンヒ》軍事政権の血脈を受けついだ大統領は、それでも日本政府の組みしやすいパートナーだった。朝鮮半島の軍事情報を共有する協定も結び、魚の骨のようにのどにひっかかっていた「慰安婦問題」も、「最終的かつ不可逆的な合意」をもぎとって「子や孫、そしてその先の世代の子どもたちに、謝罪を続ける宿命を背負わせる（首相談話、２０１５年８月14日）」愚は避けられると思えたからだった。

国民の審判によって新たに登場した文在寅政権に対し、当初日本政府は日韓間の懸案事項に大きな変化は起きないだろうと見ていた。当選した新大統領に対し当時の岸田外相は次のようなコメントを発表した。

「我が国にとり韓国は戦略的利益を共有する最も重要な隣国である。様々な分野における日韓両国の協力関係を一層発展させるべく，文在寅次期大統領の下に誕生する新しい内閣と緊密に協力していきたい」（大統領選結果に対する岸田外務大臣コメント、５月９日）

後に見るように韓国で慰安婦合意の見直しが表明された後の２０１８年の安倍首相の年頭施

政方針演説では、この最初のフレーズである「戦略的利益を共有する最も重要な隣国」が抜け落ちることになる。だが２０１５年以来、日韓関係を表すときに枕詞のように使われていたこの表現がこのときはまだ生きていた。

一方で安倍政権にとって２０１７年はかつてない政権危機の年でもあった。朝日新聞の報道などで森友・加計学園問題が大きな政治的スキャンダルとして浮上したからだった。首相周辺への追及は７月の衆院予算委員会でも厳しく続けられ内閣支持率の急降下というシビアな結果が表れていた。

森友問題、加計問題、そして陸上自衛隊の日報問題などと相次ぐ中で、安倍内閣の支持率は各種世論調査で急激に下落しました。なかには支持率が30%を切るところもあり、永田町では「安倍内閣は危険水域に入った」という指摘も出ています。（ＮＨＫ政治マガジン、２０１７年７月27日）

危機の脱却は思いがけない形で降ってわいてきた。北朝鮮の相次ぐミサイル発射が国民の耳目を「国家的危機」に集中させたのだった。これにはマスコミの果たした役割が大きかった。

８月29日、北朝鮮から中距離弾道ミサイルが発射されたとき、ＮＨＫをはじめ民放のネットワークは歩調を合わせたかのように大々的に報じた。特にＮＨＫは朝のニュースから連続テレビ小説まで既存の番組を休止して午前10時まで特別番組を組んで詳細な解説と報道を続けた。

また日本政府は発射時間の4分後の6時2分には全国瞬時警報システム（Ｊアラート）を通じて「北朝鮮西岸からミサイルが東北地方の方向に発射された模様です。頑丈な建物や地下に避難してください」という警告が発せられた。Ｊアラートシステムは２００７年から自治体の一部で導入を開始し、２０１７年には全国の自治体で対応できるようになっていた。本来、地震、津波、火山噴火などの自然災害に対する対策の一環だったが、ミサイルへの警報発令によって国民に広く知られるようになった。アラートの作動により各地で音声スピーカーによる警報が発せられるとともに、緊急速報メールが個人にも伝えられてまさしく戦時の雰囲気を醸成する役割を果たしていた。

9月28日、ときを見計らっていたように安倍首相は閣議で衆院解散を決定したことを発表した。本来の改選時期を1年あまり残しての決定だった。野党からは政治スキャンダルや失政隠しという批判もあったが、「北の危機」で国民の危機感をあおりながら与党への支持を固めるにはもってこいの機会だと判断したと思われる。

実際、選挙の結果は分裂した野党が議席を減らし、全議席の3分の2を上回る議席を獲得した与党の圧勝に終わった。安倍首相は選挙演説のなかで必ず北朝鮮の脅威を訴え、有権者の投票理由で消費税対策の次に多かったのが北朝鮮に対する強硬な対応策だったという。*

*NHK「クローズアップ現代」衆院選ビッグデータ徹底分析　2017年10月23日

暴言大臣、麻生副総理が26日某所の講演会で「今回の勝利は北朝鮮のおかげもあった」と本音をもらしたのも納得のいくエピソードだった。

選挙の2日後、外務省のレポートによれば文在寅大統領と安倍首相は電話で今後の協力を確認した。

10月24日、日韓首脳電話会談を行い、文大統領から、衆議院議員選挙の結果に祝意を申し上げる旨の発言があり、これに対し、安倍総理から、文大統領からのお祝いに心から感謝する旨を述べ、両首脳は、両国関係の発展のために緊密に引き続き協力するとともに、北朝鮮に対する圧力を強化するべく、日韓・日米韓で緊密に連携していくことを確認した。（外務省ホームページ「大韓民国との政治関係」より）

しかし2か月後、日韓関係を大きく揺するできごとが起きた。前政権の時期に行われた不正、腐敗を検証する作業のなかに２０１５年の「慰安婦合意」も含まれていた。この合意について日本政府はかねてから「両政府間の合意であるとともに国際社会からも高く評価されたもの」と主張してきたが、２０１７年５月に国連の人権条約に基づく拷問禁止委員会が「被害者への補償や、名誉回復、再発防止策が充分とはいえない」と指摘し、合意の見直しを勧告していた。韓国の「慰安婦合意検討タスクフォース」は綿密な検証の結果、交渉過程や合意内容に多くの問題があり、何より被害者の意思が反映されていないことなどを理由に合意の見直しを求めることになったのだった。

これに対し外務省は即日、「既に実施に移されている合意を変更しようとするのであれば、日韓関係がマネージ不能となり、断じて受け入れられない」という外務大臣談話を発表した。

韓国側の検証結果発表に先立って日本を訪問した韓国の康京和《カンギョンファ》外相が「平昌オリンピックの開会式に安倍首相を招待したい」と伝えたところ、タスクフォースの動きを聞いていた河野外相は「このままでは出席はむずかしい」と答え、表敬訪問した安倍首相は「国会の日程を見て決定するが、オリンピックの成功は祈っている」と確答を避けた。

２０１７年12月27日に検証結果が発表され、翌日のロイター通信によれば「韓国の文在寅大統領は28日、従軍慰安婦問題をめぐる２０１５年の日韓合意には重大な不備があり、問題解決のための策が必要だとの認識を示したと大統領府が明らかにした」ことを伝えた。

この日から日本の韓国バッシングが始まった。日本のマスコミのなかでも比較的良心的な立場と見られている朝日新聞は翌28日付社説で次のように「合意の順守」を主張した。

（報告は）朴槿恵・前政権の失政を強調したい文在寅政権の姿勢がにじみでている。**合意をめぐる世論の不満**に対処するための、**国内向けの検証**だったというべきだろう。（中略）言うまでもなく、外交交渉では、片方の言い分だけが通ることはない。とりわけ慰安婦問題は**長年に及ぶ懸案**だ。合意は、**その壁**を乗り越え、互いに歩み寄った両国の約束である。

核となる精神は、元慰安婦らの名誉と尊厳を回復することにある。文政権は合意の順守を表明し、**彼女らの心の傷を少しでも癒やせるよう**、日本政府とともに着実に行動していくべきである。

社説の指摘する「合意をめぐる世論の不満」とは何か、に対する説明がないが、どんな不満があり、なぜそんな不満が起きたのかを説明するのが報道の責任ではないのか。また「国内向けの検証」という表現は日本政府に合意の見直しを求めるつもりはないと決めつけているように聞こえるが果たしてそうなのか。さらに「長年に及ぶ懸案」となってしまったのはなぜかの説明がなければ「その壁を乗り越え」という「壁」が何だったのかが理解できない。「日韓合意」が「彼女らの心の傷を癒す」ことができない内容だから韓国の世論が不満なのではないのか。その「合意」を「順守」せよという主張は合意が正当であるという根拠を示した上で可能になる。単に政府間で決めたことだからという形式論を振りかざすだけでは、決して両国の溝を埋めることはできないだろう。社説はこのあとさらに大使館前の少女像についても「韓国政府は市民団体を説得して」撤去することを主張した。２０１９年のあいちトリエンナーレ「表現の不自由・展」で少女像の展示中止を求めた名古屋市長らの顔が二重写しになる。

年が変わって1月に入ると韓国批判を盛り上げる論調が一層目立ってくる。

読売新聞とＪＮＮ（ＴＢＳ系）が15日、それぞれ報じた世論調査で、追加対応を求める韓国の文在寅政権の方針について、読売で「納得できない」が86％（納得できる5％）、ＪＮＮで「理解できない」が85％（理解できる８％）に上ったのだ。

韓国は、国際社会の普遍的原則が通用しない異常国家というしかない。安倍晋三政権は「合意は1ミリたりとも動かさない」という方針だ。読売調査では、この方針を「支持する」と答えた人が83％で、「支持しない」は11％だった。韓国を信頼できるかについても、「あまり信頼できない」と「全く信頼できない」を合わせて78％、「大いに信頼できる」と「多少は信頼できる」を合わせても19％だった。（夕刊フジ、２０１８年1月16日）

韓国をターゲットに絞り始めたのは北朝鮮の融和路線への転換があったからだと思われる。２０１７年１年間で計13回のミサイル発射があったが（1回は失敗）、11月29日を最後に発射の動きは止まり、金正恩《キムジョンウン》国防委員長の新年挨拶で平昌オリンピックへの北朝鮮の参加を示唆する言葉が出てきたことから、これ以上「北朝鮮の脅威」だけで国民の支持を集めるのはむずかしい局面を迎えていた。

平昌《ピョンチャン》オリンピックを貶める――2018年1月～2月

平昌オリンピックへの非難の論調は概して二種類に分けられる。一つは大会の内容や運営の不備をつつくもので、もう一つは北朝鮮の参加をめぐる韓国の立場を疑問視する見方だ。オリンピックの会場造成や交通機関の整備に対する大幅な遅れを指摘する声は平昌開催決定の直後から見られた。北朝鮮との分散開催や、日本との共同開催など実現可能性の希薄な主張もあったが結局準備は無事に終わり、2月9日の開会式を迎えることになった。

それまでに問題視されたことの一つは「ボランティアスタッフの食事問題」だった。**「刑務所よりもひどいメニュー」平昌五輪スタッフの怒りが我慢の限界に＝韓国ネットも批判**「〝平壌〟五輪だから仕方ない」という刺激的なタイトルを掲げてこの問題を伝えたのは1月29日付レコードチャイナだった。記事によれば職員用の食堂メニューが「刑務所や軍隊よりひどい」から改善してほしいという青瓦台への国民請願が行われたことを紹介する内容で、ネットに投稿された食事の写真をつけて改善を訴えているというものだった。

ちなみにレコードチャイナは２００５年に設立された中国、韓国等の時事ニュースを中心に配信する日本の会社で、本社は東京都にある。

……（請願者は）「スタッフの間では〝平昌刑務所〟との言葉までが出てくるほど」と明かし、「国の仕事をする人たちが軍隊以下の待遇を受けるのは理解ができない。今すぐに改善してほしい」と訴えている。

また、韓国政府に対し「北朝鮮の視察団にはホテルの最高級メニューを提供したくせに」「大統領府の職員にも同じメニューを提供するべき」という批判の声や、「材料費を節約し、浮いたお金を金正恩にあげるのでは？」と指摘する声、「仕方ない。今回の大会は平昌五輪ではなく〝平壌〟五輪だから」「北朝鮮が開催する大会だから食事も北朝鮮レベル」と皮肉る声も見られた。

後半の北朝鮮云々の話はネットのレスを拾い集めたと思われるが、韓国でも「ネトウヨ」のようなネット市民は存在するので多くの国民の声であると判断するのは危険だ。ところで韓国ではこの記事が出た数日後、２月１日のトマレビューというブログ記事で最近の報道を見てそんなに食事がひどいのかたしかめるために、実際にある職員食堂で試食をしてみたというレポートが掲載された。そこに載せられた写真は国民請願に引用されていた料理写真とはずいぶんちがっていて、ブロガーは盛つけの仕方によってもイメージが変わってしまうのではないかと書いていた。食堂によって多少のちがいはありうるから一か所の食堂だけでは判断できないかもしれないが「食事がひどい」といわんがために作為的に写真が撮られた可能性があるという、ブログ記事への投稿もあった。

2月3日のNHK NEWS WEBは「開幕まで1週間を切ったオリンピックをサポートするボランティアが生活環境への不満から2400名が辞退し、競技場を後にした」と報じた。

宿泊施設の一部では、温水が出る時間が制限され、冷水で体を洗わなければならなかったり、通勤のためのバスの本数が少なく、出勤や帰宅の際に寒さの中、1時間以上バスを待たされたりする苦情が相次ぎ、組織委員会によりますと、3日までにおよそ2400人が辞めたということです。まだ残っている学生ボランティアの中には「時間によってお湯が出ない宿泊施設もあると聞いた」「宿泊地から勤務地までバスで3時間もかかるし本数が少ない」という不満の声をあげる人もいます。

また2月9日付デイリーニュース・オンラインは、一時パンデミックまで心配されたノロウイルスの流行を韓国人の衛生観念の欠如によるものという印象を与える記事を書いた。

開幕を直前に控えた韓国・平昌の五輪施設で、警備員ら86人がノロウイルスに集団感染したと7日、韓国・疾病管理本部が発表した。くわえて関係者1016人も症状を訴えて検査中と伝えられ、現地では緊急事態の様相を呈している。

ノロウイルス感染症は、主に気温の低い冬場に多発し、嘔吐、下痢などの急性胃腸炎症状を起こす。感染者の糞便や吐瀉物、あるいはそれらが乾燥したものから出る塵埃からも経口感染するため、感染力が非常に強い。多くの人が行き来する五輪施設ゆえ、その恐怖は計り知れない。

と恐怖をあおった上で、ノロウイルスの発生とは直接関係のないソウル市内の特級ホテルの非衛生さを伝える別のニュース記事を引用している。

今月4日には韓国のテレビ局「テレビ朝鮮」のニュース番組が、ソウルの5ツ星高級ホテルで〝トイレを磨いたタワシでコップまで清掃している〟という実態が伝えられ話題になったんです。番組の中では、清掃する従業員がタワシに便器の中の水を含ませた後、そのタワシで部屋を隅々まで掃除。カップの水拭きに使うのは、なんと宿泊客が使用後に床に放置していったタオルでした。

韓国の「週刊誌記者」の話としているが、この話が「テレビ朝鮮」の報道に基づいているところから週刊朝鮮の引用かもしれない。この報道自体は事実だったようだがデイリーニュース・オンラインの記事全体を見ると、記事の内容とはまったく無関係な日本大使館前にある「少女像」の写真を大きく掲げている点から「韓国を叩く」ことに主眼を置いて書かれたものと思われる。

さらにソウルにある日本大使館は「**2018平昌冬季オリンピック・パラリンピック大会開催に伴う注意喚起**（2月2日付）」と題したメッセージを外務省や、在韓国日本大使館のホームページなどにのせて韓国在住日本人や旅行者に注意を呼びかけた。

2月9日から25日までの間、韓国北東部の平昌（ピョンチャン）・江陵（カンヌン）地域を中心に、第23回オリンピック冬季競技大会が、また、3月9日から18日までの間、同地にて第12回パラリンピック冬季競技大会が開催されます。

安全対策

（1）韓国においては、近年、大規模なテロ事件等は発生していません。年間の犯罪発生件数は約185万件で、ほぼ横ばいで推移しており、韓国の治安は比較的安定した状況にあります。

しかしながら、主な犯罪の発生リスクを日本と比較すると、韓国は殺人が約2・5倍、強盗が約1・2倍多く発生しています。

「世界の殺人発生率国別ランキング」というデータがある（https://www.globalnote.jp/post-1697.html）。これによると2017年のデータで人口10万人あたりの殺人発生件数は174か国中、

ロシア　9・13（40位）　アメリカ　5・32（65位）　フランス　1・27（121位）
イギリス　1・20（127位）　韓国　0・59（155位）　日本　0・240（168位）

などの数字が上がっている。「10万人あたりの殺人発生件数」という項目で比較すれば日本は0・24件という、世界的に見れば「異常なほど」殺人発生件数が少ない。これに対して韓国は0・59件だから確かに2・5倍になるかもしれないが、たとえばアメリカの10分の1、フランスの半分にしかならないので殺人事件に巻きこまれる可能性はほとんど無視できるほどの安全

さではないだろうか。オリンピックを見物に行こうとする日本人に対して、わざわざ日本の「2・5倍」も殺人事件が多いというメッセージを入れるのは不必要な警戒心をもたせ、韓国に対するイメージを損なうのに大きな効果を発揮しただろう。むしろ政府が主導する「嫌韓世論づくり」の狼煙だとみるべきかもしれない。

「平壌《ピョンヤン》オリンピック」というデマ

次に北朝鮮のオリンピック参加をめぐる報道について見てみたい。

２０１７年11月29日まで相次いだミサイル発射実験のために、北朝鮮代表団の平昌オリンピックへの参加はありえないとする見方が年末までは主流をなしていた。しかし２０１８年１月１日の金正恩国務委員長の年頭記者会見で「平昌冬季オリンピックは世界に民族の位相を誇示する良い機会」であり「代表団派遣を含めて必要な措置を取る用意がある」と発表されてから流れは大きく変わっていった。オリンピックを政治的に利用するものだという批判は、過去のオリンピックがしばしば政治的意味を付与されながら開催されてきたという事実からあまり説得力をもてなかった。ＩＯＣ委員長のトーマス・バッハは開会式の挨拶のなかで、「多様性の中での結束は、分断しようとする力よりも強いのです」と南北選手の合同入場行進を称え、「世界に向けて平和のメッセージを伝える」という政治性をむしろ積極的に肯定した。

韓国政府が北朝鮮のオリンピック参加に特別の努力を傾けるのは「朝鮮半島の非核化」「東

アジアの平和」「南北統一」の険しい道のりの一歩を切り開こうとする執念の表れではないのか。それに冷水を浴びせようとする勢力は韓国の立場を北の思惑に乗り、共産主義国家に隷属している情けない政権というイメージを作りだそうと躍起になっていた。この点では日本の報道が、韓国の保守言論として知られる朝鮮日報、中央日報、東亜日報などと酷似した論調を重ねているのは単なる偶然とは思えない。２０１９年７月に表面化した「朝鮮日報日本語版」の記事に対する大統領府を始めとした韓国内世論の反発を想起したい。２０１９年７月11日付朝鮮日報の社説（日本語版）で「そもそも現在の問題（＝日韓摩擦）を引き起こしたのは韓国の裁判所と政府である」と書いて日本政府の立場を代弁するように韓国の司法と政府を攻撃した。その後も文政権に対する批判を日本語版では一層刺激的な見出しや内容で伝えて、日本での嫌韓感情を煽る役割を果たしていると非難を受けた。その圧力に屈したのか７月20日以降、社説やコラムの日本語版掲載を中止していたが、９月８日の産経新聞『主張』コーナーではこれを「政府による報道規制や言論の抑圧」ととらえ「朝鮮日報には早期の掲載再開を求めたい」と露骨にこれを擁護しようとする立場を明らかにしている（日本語版掲載は９月には復活させた）。韓国では一部の世論が「安倍政権―自由韓国党（保守野党。現在は未来統合党）―朝鮮日報」を「極右三角同盟」と呼んでいることも紹介しておきたい。

話を戻して、唐突に決定されたように見える北朝鮮の冬季五輪参加の狙いについては、様々な立場からの分析や憶測が伝えられた。融和的姿勢を見せることで経済制裁を緩和させる、韓国を引きこむことで日米韓同盟にくさびを打ちこむ、そのあいだに核開発を進めるための時間稼ぎ……。

これらの論調と組み合わせた形で韓国・文政権の「弱腰」や「北朝鮮への従属」を非難する主張が目立った。たとえばironnaというサイトで紹介された李相哲（龍谷大教授）署名入り論文では「北朝鮮乗っ取り『平壌五輪』金正恩の真意」というタイトルで次のようなエピソードを紹介する。

平昌冬季オリンピックが平壌に乗っ取られるのではないかという懸念が現実味を帯びてきている。1月22日、韓国の国会議員会館で開かれた韓国の「党政協議会」で与党「共に民主党」政策議長の金太年《キムテニョン》は「地球村の祝祭である冬季オリンピックが来月、平壌で開かれる」と発言し、周りが慌てる珍風景がテレビを通して伝えられた。国会議員すら平昌五輪を「平壌五輪」と勘違いするほど平和の祭典であるはずの五輪は南北の政治ショーの場に変わりつつある。

「ピョンチャン＝平昌」と「ピョンヤン＝平壌」の発音が紛らわしいので韓国人でさえいいまちがえることがあると思われるが、その上げ足をとって「国会議員すら平昌五輪を平壌五輪と勘違いする」と揶揄し、その実「北の言いなりになって動いている文政権の実態を表したもの」と言おうとしているようだ。だが現実には南北和解ムードの過剰演出はあったにせよオリンピックそのものが北朝鮮に乗っとられることなどなかったことは誰もが知る通りだ。

李教授は産経新聞に連載された記事をまとめて『北朝鮮がつくった韓国大統領　文在寅政権実録』という著書をこの年の10月に出しているほど、「確固とした」文政権＝北の傀儡説を主張するオピニオンリーダーの一人のようだ。だが文在寅を大統領に選んだのはあのキャンドルを灯して光化門を始め、全国で立ちあがった１７００万の韓国市民たちだったことが世界の人びとの目にしっかりと刻印されたことを忘れてはならないだろう。それを無視して北朝鮮云々する主張は市民民主主義への冒瀆以外の何物でもない。

時間稼ぎと国際世論の分断、韓国国内の攪乱、北朝鮮のイメージ改善などさまざまな目的もあるが、何より重要なのは国際社会の包囲網を崩すことだ。国際社会の制裁に苦しむ金正恩政権は、平昌五輪を利用して制裁の包囲網崩しに取り掛かっているが、まずは一番もろい韓国にターゲットを絞ったとみられる。

それに続くこの部分で強調されているのは北朝鮮包囲網の「一番もろい韓国にターゲットを

絞った」という部分だ。「北に弱い韓国」というフレームは産経新聞などにリレーのように引きつがれ、特に金正恩の特使として脚光を浴びた実妹・朝鮮労働党第1副部長の金与正《キムヨジョン》に関する記事がこれ以降紙面をにぎわすことになった。

北朝鮮の金正恩朝鮮労働党委員長の実妹、金与正氏が平昌五輪開会式に出席し、「ほほ笑み外交」が大きな話題を呼んだ。「金与正ブーム」とでも言うべき現象を北朝鮮と共同演出したのは、他ならぬ韓国である。（産経デジタルＩＺＡ、２０１８年２月９日）

平昌五輪で沸く韓国を訪れた。韓国の新聞やテレビは北朝鮮選手の動向や金与正特使らを最高の儀典で接待した文在寅政権の様子、北朝鮮楽団の公演ばかりを伝えていた。韓国のマスコミだけを見ていると、おとぎの国から王女さまが来て平和がやってきたかのような錯覚に陥ってしまう。

文大統領は忙しい日程の中、金与正特使と4回会って、1回午餐（ごさん）会を主催した。一緒に過ごした時間は合計10時間ほどだ。それだけでなく、首相、統一部長官、大統領秘書室長が超高級ホテルのレストランを使い、彼女らを1回ずつ食事会に招いている。安倍晋三首相とは首脳会談と開会式行事で会っただけで、食事会はなかった。（「文氏を陥れる北の『五輪戦略』」

麗澤大学客員教授・西岡力、産経新聞、2018年2月16日）

少し後になるが東京新聞論説委員の五味洋治という人のコメントでもくり返し彼女について言及している。

北朝鮮が練りに練って考えたのが、妊娠中である妹を送り込む大胆な策です。普通はしないでしょう。韓国側は彼女を送ってくることにびっくりしました。北朝鮮側はこれが韓国で驚かれると予想し、大物を送った上で準南北首脳会談をした。文在寅大統領も喜び、与正氏の虜になっていました。

彼女に会った韓国政府高官たちによると、常識的で良い人だそうです。「与正さえいれば南北関係はうまくいく」と、もうメロメロ。韓国にとって北朝鮮は敵国ですよ。いつ戦争してもおかしくない。それが彼女一人のために、イメージがガラッと変わってしまったんです。（東京新聞論説委員五味洋治、AERA dot、2018年4月12日）

五味洋治という人は『金正男（2017年2月13日、マレーシア・クアラルンプール国際空港で暗殺）告白本』を出したことで知られているが、ほかに『女が動かす北朝鮮　金王朝三代「大奥」秘録』などという著書があるように「虜になる」「メロメロ」などという表現でターゲットを貶めることを好んでいるように見える。

このような芸能雑誌まがいの報道に接すると2019年5月に行われたトランプ大統領の訪日イベントが思い出される。日本ゴルフツアー機構会長の青木功を同伴させたゴルフ接待に始まって、升席貸切の大相撲観戦、居酒屋歓談と大切な観光客をもてなすような外交常識を逸した歓迎パフォーマンスの数々。そのうえステルス戦闘機F35の105機購入から「売れ残って困っていた」飼料用トウモロコシの大量輸入約束までの大盤ぶるまいを見て、どこかの新聞が「トランプ大統領にメロメロ」などという記事を書いたことがあっただろうか。もう一つつけ加えるなら、先に引用した西岡力教授は論文の後の方で

「**驚くべきことは、文大統領らが金与正特使らとこれだけ長い時間を一緒に過ごしながら、核ミサイル問題について一度も言及していないという事実だ**」と北朝鮮を不快にさせないよう、文大統領があえて懸案の解決に目をつぶったような批判を浴びせている。だがブーメランはそのまま安倍首相に向かって返ってきたのではないだろうか。5月の「トランプ祭」に対して民族派団体といわれる一水会の代表・木村三浩は日本にとって重要な安保問題と直結した沖縄問題に言及がなかったことに憤懣を吐露していた。

今回、沖縄の問題、まったく語られていないんです。例の辺野古の基地建設、県民投票で『反対』の民意が示されたように、多くの県民が米軍基地の存在と、在日米軍を日本の法や規制の枠外に置く不平等な『日米地位協定』に苦しんできた。こうした『対米従属』をどう考えるか、という問題抜きに、日米の絆うんぬん、というのは沖縄と日本人に対する冒とくですよ。(「『右』も怒りを通り越した『トランプ大統領来日フィーバー』のモヤモヤ」毎日新聞、2019年6月2日)

韓国では与野党間で相手を揶揄・非難するときの常套句の一つに「ネロナンブル＝自分がするときはロマンス、相手がすれば不倫」というものがある。日本のマスコミは集団で「ネロナンブル」を実践しているのかもしれない。

北朝鮮の五輪参加と関連して大きな関心を集めたのは安倍首相の開会式への出席問題だった。

2016年12月に当時の朴大統領とのあいだで交わした「慰安婦合意」に対して、文大統領は1月10日に行われた新年記者会見で次のように語った。

「日本が真実を認めかつ被害者に対して心から謝罪しそれを教訓に再びこのようなことが起

きないよう国際社会とともに努力するとき、被害者も日本を赦すことができ、それこそがこの問題の完全な解決だと思う」

だが一方でこの問題に関して日本政府と再協議をする考えがないことも表明した。

「すでに前政権で両国間の公式合意となっていることなので、我々がその内容に満足できないとしても現実的に解決できる最善の方法を見つけなければならない。再交渉を要求することで解決できる問題ではないと考える」（ソウル新聞、2018年1月10日）

先にも触れたようにこの発言に対して政府もマスコミも一斉に猛反発して、開会式出席を拒否することを主張する論調が堰を切ってあふれだした。

安倍晋三首相に五輪開会式への出席を求める声が、与党内からも出ている。論外である。慰安婦問題の合意についての、韓国への失望だけではない。茶番劇になりかねない平和の祭典に首相として関われば、北朝鮮の思うつぼだ。（「安倍晋三首相の平昌五輪出席は論外である」産経新聞コラム「産経抄」、1月19日）

2016年12月に当時の朴槿恵政権と交わした「最終的かつ不可逆的な解決」を確認した日韓合意を「ちゃぶ台返し」にするような韓国外交に、政府与党内でも怒りと不満が噴出。この段階で政府与党内では「首相の開会式出席はなくなった」（首相側近）との判断が大勢となっていた。（中略）外務省も「出席は外交的デメリットが大きい」（幹部）との判断を首相に伝えていたとされる。首相も12日に、文大統領が求めた追加措置も含め「まったく受け入れることはできない」と不快感をあらわにした。（「平昌五輪開会式への出席で問われる安倍外交」東洋経済オンライン、1月27日）

ところが一方で、二階俊博自民党幹事長や山口那津男公明党代表が当初から「首相訪韓賛成論」という伏線をはっていた。さらに「**米ホワイトハウスからも、安倍首相に開会式に出てほしいという強い要請があった**」（同前）と米国の意向が大きな後押しとなったことも伝えられた。

実はその前に産経新聞が「安倍首相が平昌オリンピック開会式への出席を見送る方針を固めた」という誤報を流していた（1月18日付）が、その失敗を挽回するかのように23日には首相との単独インタビューを行って訪韓意志を確認した。

安倍晋三首相は23日、首相官邸で産経新聞のインタビューに応じ、韓国で2月9日に行われる平昌五輪の開会式出席のため訪韓する考えを明らかにした。その際に文在寅大統領と会談し、慰安婦問題をめぐる日韓合意に関し、文政権が示した新方針を「受け入れることはできない」と直接伝える意向を示した。核・ミサイル開発を続ける北朝鮮については「高度な圧力の維持を再確認したい」と述べた。（産経新聞、２０１８年1月24日）

さらに続けて同紙は、「首相の支持者の間でも反対論が圧倒的だったにもかかわらず、首相があえて出席を決断したのはなぜか。今回の産経新聞のインタビューや、首相の周辺取材を通じてみえてきたのは、リスクを取ることをいとわず、批判を覚悟して為すべきことを為そうとする『政権を担う者の責任』（安倍首相）だった」（同上）と首相の英断を称え、もち上げたが、「開会式出席は論外」と断じた同じ新聞とは思えない変わり身の早さだった。

結局1月10日以降、世論の動向、一部マスコミの先走った反対論などの様々な反応を確かめながら、23日には最も決定的な米国の意向に沿う形で「開会式参加」という結論に落ち着いた。

この間の芝居じみた行動については、「今だから言うが……」という裏話のような声も聞こえてきた。

首相は初めから出席する意向で、国内の反対論が高まった段階での英断により、リーダーとしての指導力を国際社会にアピールするつもりだった（官邸筋）。（東洋経済オンライン同前）

もし本当に初めから出席するつもりでいたのなら、「国会の日程を見て決める」と思わせぶりの発言で反対世論を引きだそうとしたり、「リスクを覚悟し、なすべきことをなす」強力なリーダーシップをアピールするなどという姑息な宣伝劇に国民はつき合わされたことになる。その結果「首相の決断」に賛同する声が55％となって、「出席するべきでない」という回答の33％を大きく上回ることになった。（日本経済新聞、1月28日）

Me too 運動への視線――2018年2月〜3月

平昌オリンピックを前後して、韓国社会にはもう一つの大きなイシューが激浪のようにまき起こった。それは1月29日に総合編成チャンネル*の一つであるJTBCに、現職検事のソ・ジヒョンがインタビューを受けながら検察幹部のセクハラの事実と、その後の検察内部での事件もみ消しや、被害者に対する圧迫などをありのままに語ったことから始まった。さらに3月5日には同じ番組で、かつて大統領選挙の有力候補者として注目されていたアン・ヒジョンの随行秘書であったキム・ジヒョンが、上司のアンから長いあいだ性的関係を強いられてきた事実を告白する内容が放送されて、国民に大きな衝撃を与えた。その後、映画、演劇、文学、政治など様々な分野で告発が相次ぎ、韓国版ミートゥー運動と呼ばれるようになった。

*総合編成チャンネル：ニュース、ドラマ、教養、娯楽、スポーツなどすべての分野の内容を含む放送で、ケーブル、衛星放送を通じてのみ送信することができる点で地上波の放送と区別される。2009年より放送が始ま

り、ＪＴＢＣは特に朴槿恵前大統領の弾劾につながるニュース報道を通じて多くの視聴者から支持される硬派のチャンネルとして知られている。

世界的には２０１７年10月、ニューヨークタイムズがハリウッドの大物プロデューサーを告発したことが導火線となって、映画、演劇、放送界を中心に全世界に広がっていったといわれるこの運動が、韓国にもおよんだのは理由があった。性的暴行やセクハラなどの発生する背景には男性優位、職場での上下関係などの不平等な力関係が存在するが、そうした構造的な歪みによってもたらされる弱者の被害を直視して、これを正そうという意識が韓国社会に少しずつ拡散していったという事実だ。特に２０１６〜２０１７年に起きたキャンドル革命を経て政権交代を実現する過程でそのことは多くの人びとに共有されていったことが想像される。

ひるがえって日本社会ではどうだったか。２０１７年5月、ジャーナリスト伊藤詩織が元ＴＢＳ政治部記者だった山口敬之による準強姦被害を告発した。だが山口が首相に近い立場であったことから、伊藤の告訴を受けて逮捕状の執行を準備していた警察が直前になって執行停止をしたという報道が行われて、事件が性犯罪にとどまらない権力犯罪の様相をうかがわせた。その後「オンラインで批判や脅迫にさらされ、身の危険を感じました。外に出るのも怖かったです。以前から『相手を告発すれば日本で仕事ができなくなる』と言われていたので覚悟はしていましたが、想像以上で、日本で暮らすのが難しくなってしまった」（朝日新聞デジタル、２０１８年９月18日）伊藤詩織はロンドンに移住せざるをえなくなった。

その後この問題は２０１９年12月18日、性暴力被害を訴えて行われた民事裁判で東京地裁が原告・伊藤の主張を認め被告・山口に３３０万円の賠償金支払いを命じる判決を下したが、被告側は承服せず２０２０年１月６日に控訴するという経過をたどり、今も係争中だ。

結局日本では大きなムーブメントにはならなかったことから、日本のメディアも韓国のミートゥー運動に対して特別な関心を示さなかった。数は多くないが、そのなかでいくつか韓国への非難と嫌韓感情醸成に利用しようとした例をあげてみよう。

韓国芸能界にも火が付いたセクハラ被害告発運動「Me Too」キャンペーン。文字通り、我も我もと告発合戦となって、まだ告発されてもいないのに謝罪する者、謝罪のみならず自殺する者まで……なぜこれほどまでに極端なのか。ここにかの国の国民性が見えてくる……。（「韓国版「Me Too」運動は、〝慰安婦・反日啓蒙〟がブーメランとなって大炎上中！」デイリー新潮、２０１８年３月29日）

このように始まる記事は、拓殖大学国際学部・呉善花教授の次のような批評へと続くが呉教授はさらにこれを「反日思想」へとつなげる議論に飛躍させてしまう。

こうした極端な動きは韓国の国民性そのもの。韓国には法の上に〝国民情緒法〟があるなどとも言われますが、世論が大きくなれば法律など無視し、真実も真実ではなくなってしまうのです。あれほど熱烈に歓迎されたはずの朴槿恵大統領が、一気に支持率を落とし、国民の7割が弾劾に賛成という国民情緒を受けると、裁判官ですら逆らえなくなってしまうわけです。……

韓国が民主化宣言したのは1987年のことであり、民主化とともに女性を守る法整備などもされてきました。しかし、いくら法の上で男女平等を進めても民間には浸透しません。そこで、「性差別の告発は勇気ある行動だ」と政府が称賛した結果が、旧日本軍の従軍慰安婦女性の告発に繫がります。自分は元慰安婦だと金学順《キムハクスン》（1924〜97）氏が発表したのは1991年のことですが、その年には性暴力相談所も設けられました。反日を浸透させるためにも女性の権利向上は役に立ったのです。（デイリー新潮、同前）

朴前大統領が弾劾されたのは「国民の情緒」などではなく絶大な権力を私的に利用して利権をむさぼった権力犯罪に対する国民の怒りを民主的な方法で貫徹したからではなかったか。さらに民主化⬇性差別告発の奨励⬇元「慰安婦」の告発⬇反日感情の浸透という論理には驚くしかない。彼女たちの証言は反日をあおるためのものなのではなく、戦時下の性奴隷という非人間的な行為に対する正当な糾弾として、どこまでも日本政府に向けられたものだったはずだ。

特に文中に登場する「国民情緒法」といういい方はそもそも2005年8月12日付中央日報のコラム「噴水台」に登場した「歴史的用語」だった。その当時は韓国の情報機関が政治家、官僚、財界、宗教界など広範囲な対象者に対して盗聴（電話など）を行っていた事件と関連して、盗聴内容の公開に対する司法の判断に関して使われた言葉だった。当時のマスコミは盗聴テープの内容を「Xファイル」と称して朝鮮日報を始めとした各紙が競うようにその内容を明らかにして問題視しようとした。

ところがそこに韓国を代表する財閥グループであるサムソンが、大統領選挙に関連した資金提供や、政界、言論界に対してロビー工作を行っていたという証言が含まれていた。はじめ盗聴内容に含まれた財閥の疑惑を追及しようとしていたマスコミも、最大の広告主であるサムソンを相手に喧嘩を売るのは得策でないと考えたのか、途中からその追及の矛先は情報機関にのみ向けられるようになった。特に中央日報はサムソン系列の新聞社だったために、サムソン擁護の姿勢は露骨だった。コラムでは過去に断罪された政治家や公務員が本来法的には問題がなかったのに国民の情緒に迎合するような司法の判断によって不名誉な処遇を受ける羽目になったことに触れ、盗聴テープの内容を公開せよという国民情緒（＝サムソンの違法を追及）と、憲法で保障された通信の秘密守護（＝テープを公開しない）という対立に議論をすりかえようとした。

厳格に法治主義をとらなくてはならないと主張するために「国民情緒法」という名前をつけて、サムソンへの攻撃を不当なものだというイメージを作りだそうとする戦略だった。その意味では嫌韓論者が日本に都合の悪い判断を韓国の司法が下した場合にこれを非難する用語として用いるのは、本来の文脈とはかけ離れた使い方だ。

また韓国の「国民情緒」が基本的に反権力的なものであることにも留意する必要がある。権力者に弱い司法の実態を揶揄する表現に「有銭無罪 無銭有罪」という言葉がある。財力や権力をもつものが違法行為をしても無罪になってしまうが、何ももたない無力な庶民は有罪になるという告発を意味している。これに対し、日本人が自国の歴史に関連した韓国の判断や、判決を非難するときに用いようとする意図は、明らかに「韓国は法治国家という言葉に値しない、法を超越した国民の情緒という感情によって社会規範が変えられる後進的な国だ」といわんがための焼きなおしに過ぎないだろう。

また別のメディアでは「韓国事情に詳しい文筆人」と紹介されている但馬オサムの次のようなコメントを紹介した。

韓国事情に詳しい文筆人の但馬オサム氏は「安氏（元大統領候補アン・ヒジョン―引用者註）、高氏（韓国でノーベル文学賞候補としてよく名の上がる元老詩人―同上）の疑惑が事実だとして、地位も名誉もある人を何がセクハラに走らせたのか。それは一にも二にも彼らの名声です。韓国人のセクハラは典型的なパワハラ系です。上司から部下、教師から生徒、牧師から信徒、まれに実の父から娘といった、立場の上下を利用した形で行われます。たとえば、大学教授が女子学生に『単位は心配いらない。その代わりに……』と関係を迫ることなど珍しくないそうです」と指摘する。（「#me too拡大！ 韓国セクハラに独特の文化的構造」東京スポーツWeb、2018年3月7日）

この指摘自体はセクハラ行為の背景として一般に論じられているもので、「独特の文化的構造」として韓国を非難する根拠にはならない。これも同じ時期に日本で発生した、権力をもつ人間によるセクハラの典型的な事例だった「福田次官セクハラ事件」を想起する必要がある。財務省事務次官と取材した女性記者という力関係、さらにセクハラ事実を自社メディアで報道することを訴えた記者に対して、それを握りつぶした上司との力関係など、その後の被害者へのバッシングまで含めて、セクハラ問題の背景は日本と韓国の社会に共通していることをこの論者は無視している。いや充分承知のうえで攻撃材料にしているのかもしれない。この人は日本の植民地支配を「明るいものだった」と強弁する（『こんなに明るかった朝鮮支配』ビジネス社２０１８年）歴史修正主義者の一人と目されるからだ。

一方これを政治的立場から解釈して韓国政府攻撃の材料にしようとする例も見られた。

いまの20代は「男女平等」の価値観で生まれ育った世代だ。むしろ成績優秀な女性が就職でも優位に立ち「女性＝弱者」という発想はない。それなのに女性ばかりが守られていると感じる。それは文政権の支持率にはっきりと表れている。韓国ギャラップによると、２０１７年５月の政権発足直後は９割近かった19～29歳の支持率は昨夏あたりから急落。昨年12月には不支持が45％と、支持の41％を上回る逆転劇が起きた。同年代の女性は支持が63％と高く、不支持が23％にとどまるのとは対照的だ。（「韓国・文政権に若者男性『反旗』女性政策に批判」日本経済新聞、２０１９年１月26日）

「韓国では女性ばかりが守られている」ために若い男性たちは不満をもち、それが文政権への批判となっているという、その後の運動の展開を見れば事実とは異なる見当ちがいの主張をしたのは、先に紹介したソ・ジヒョン検事の告発が放送される数日前のことだった。だが運動が高揚するにつれ、韓国内の報道には「左派批判」の論調が目立つようになり、それに呼応するように日本のメディアも政権批判の論調に同調していった。

性的被害を受けた女性が男性を告発する「#ＭｅＴｏｏ（私も）」運動は韓国で大きな広がりを見せ社会を揺るがせている。芸能人や文化人、大学教授はもちろんついには政界にも拡大。若手で有力な次期大統領候補と目されてきた与党の現職知事までヤリ玉に挙がり、政治情勢さえ左右しそうな勢いだ。

これまで問題になっている顔ぶれには、ノーベル文学賞の候補に何回もなっている高名な詩人や舞台演出の巨匠、大ヒットの反日・愛国ミュージカルで知られる制作者、国際映画祭で受賞した映画監督、映画俳優など著名人が多数含まれている。ところがその多くがいわゆる進歩派で文在寅政権の支持者とみられているため『左翼・進歩派の醜悪な偽善』として政権にも痛手になっている。（「ソウルからヨボセヨ」黒田勝弘、産経新聞、２０１８年3月10日）

『」』でくくった部分は2月21日に「正しい未来党」最高議員・重鎮議員連席会議で、共同代表のユ・スンミンが行った発言を念頭に置いたものと思われる。たしかにこの時期次々と明るみに出たセクハラ、性暴力の加害者として報じられた人物に「進歩派」と呼ばれてきた人が目についた。だが本来、強者による弱者の性的支配を糾弾するMe too運動の提起するものは、右か左かという政治論理とは別個のものだったはずだ。先の福田次官セクハラ問題に関連して麻生財務相が「（福田は）はめられて訴えられているんじゃないかという話もある」（4月24日記者会見）と政治的陰謀を匂わせた発言を行って問題になった。セクハラ問題をあたかも政治問題であるかのようにカモフラージュすることでことの本質から目をそらせようとする意図が透けて見える。それは今ある権力を守ろうとする者と、一度失った権力をとり戻そうとあがく者たちに共通する醜い習性といえるかもしれない。

南北和解ムードに冷水を浴びせる——２０１８年４月～５月

平昌オリンピック・パラリンピックを通じて醸成された南北融和の雰囲気は、４月27日に実現した南北首脳会談へとつながげられていった。３月６日、青瓦台　鄭義溶《チョンウィヨン》国家安保室長は４月末に板門店にある「平和の家（韓国側施設）」で南北首脳会談を開催することに合意したことを発表した。２０００年の金大中―金正日、２００７年の盧武鉉―金正日会談以来３度目の首脳会談だった。朝鮮半島の緊張緩和によって、東アジアに新しい平和共存体制が作られることを多くの人びとが期待したのは当然のことだった。

首脳会談を通じて確認された合意である「朝鮮半島の平和と繁栄、統一のための板門店宣言」（２０１８年４月27日、板門店）は、緊張を解消するための双方の努力をうたった。

１　南と北は南北関係の全面的で画期的な改善と発展を実現することで、途絶えた民族の血脈をつなぎ、共同の繁栄と自主統一の未来を早めていく。

２　南と北は朝鮮半島で尖鋭な軍事的な緊張状態を緩和し、戦争の危険を実質的に解消する

ために共同で努力していく。

3　南と北は朝鮮半島の恒久的で強固な平和体制構築のために積極的に協力していく。

（上の3条を骨子とし、各条に「共同連絡事務所の設置」「鉄道の連結」などの具体的内容のある項目を含む）

南北首脳会談はこの後、5月26日（板門店・統一閣）、9月18日（平壌）と続いた。5月の会談の1か月後にはシンガポールで初の米朝首脳会談も行われて、朝鮮半島の緊張状態から平和体制の確立へと向かう第一歩を踏みだせるかもしれないという期待感が高まった。もちろん、一部のマスコミは一連の動きのなかで「首脳会談のたびに韓国から北朝鮮に外貨を運んであげた」「文大統領が平和攻勢で支持率を上げ、大統領再選を目論んでいる」等の憶測を並べて南北和解ムードに冷水を浴びせることを忘れなかった。

文在寅政権の「北朝鮮支援」方針は「同盟より民族を選んだ」と説明される。米韓同盟が崩壊に向かい、北朝鮮に取り込まれると国内の保守派から憂慮の声が上がる。韓国政府は金委員長にどのような提案を行ったのか明らかにしていない。韓国のメディアは取材記者を同行させなかった事実を批判している。韓国内では前2回の首脳会談のように、多額の外貨資金を運んだのではないか、という疑惑も生まれている。……北朝鮮が南北首脳会談を急ぐのは、体制動揺の危機に直面したからだ。一方、文在寅大統領も、平昌五輪後の支持率低下に悩んでいる。支持率を回復し、憲法改正に踏み切るためには、首脳会談での支持率上昇が必要だ。現在の憲法で規定されている大統領任期を、1期5年から2期8年に改正し、長期政権を目指す文大統領の野心もまた見え見えである。（「南北首脳会談、なぜこのタイミングだったのか」重村智計、ironna、2018年3月7日）

だがこのような急速なアジア情勢の変化に対して、日本政府の外交的対応は事後追認の域を出ることができなかった。それまで政府に批判の矛先を向けることを避けてきたマスコミも、これには不安や憂慮を表明せざるをえなくなっていた。

ところで、北朝鮮の核開発に関する6か国協議を構成する米国、ロシア、中国、韓国、日本のうち、金委員長はすでに中国の習近平国家主席と韓国の文大統領と会談しており、米国のトランプ大統領とは6月に米朝首脳会談を実施する予定です。また、ロシアのプーチン大統領とも近く会談するという可能性が指摘されています。

その一方で、安倍晋三首相が金委員長と会談するという計画は現時点で公表されていません。こうした状況は、北朝鮮の核開発問題において、米露中韓と北朝鮮の間で事柄が進み、日本が5か国の協議から取り残されていることを意味します。（「南北首脳会談と『板門店宣言』は日本に厳しい局面をもたらす」日本経済新聞、２０１８年4月28日）

そしてお決まりの文大統領＝北の手先論がとび出す。

26日の第2回目の南北首脳会談をおこなっても、文大統領は金委員長から、何の約束も引き出せない。いったい何をしに、板門店に赴いたのか。また、何を説得したというのか。文大統領は27日の会見でも「非核化の見返りとして、北朝鮮の体制保証が必要だ」ということを強調している。彼が仲介者ではなく、代弁者であるのは明白だ。文大統領は余計なことばかりして、事態を悪化させている。

中国と北朝鮮は、「文在寅を間に挟んで利用すべし」との作戦を共有しているはずだ。中国が文在寅を盾に出して、アメリカの様子を見ようとしているのは明白だ。（「2回目の南北首脳会談：文在寅は余計なことをするな！」アゴラ、２０１８年5月28日）

それでも韓国と北朝鮮のみならず、米国や中国、ロシアを始め周辺の多くの国が肯定的に事態を受け入れようとしているときに、日本のみが否定的な見解を表明することははばかられる雰囲気が流れていた。そこでもち出しされたのが歓迎晩さん会での「竹島デザート」非難だった。

……極め付けは、デザートである。

「民族の春」と名付けられた春の花で装飾されたマンゴームースの上には、朝鮮・韓民族の結束を現す統一旗があしらわれている。

この統一旗には、丁寧にも0・21平方キロしかない日本固有の領土、竹島まで描かれている。

平昌オリンピックで使われた統一旗には、竹島はなかった。

北朝鮮は、統一旗に竹島を入れることを要求したが、韓国は受け入れなかった。

しかし、今回は堂々と書き加えられている。

当然、日本政府としては抗議をしているが、韓国政府の外交舞台での料理を使った嫌がらせは、米トランプ大統領に竹島付近で獲ったエビを独島エビとして提供した事例がある。（海洋経済学者・山田吉彦、FNN PRIME、２０１８年４月26日）

その他に冷麺、饅頭、米、冷菜、牛肉の炭火焼きなどその産地や政治的意味などを詳細に解説して料理専門家による政治的分析の観があるが、筆者は「海洋経済学者」となっている。彼は数年前にも日本の「海洋安全保障論」を打ちだしたこともあるそのスジでは有名な人らしい。

日本は宗谷海峡、津軽海峡、大隅海峡、対馬海峡を封鎖して沖縄諸島の万全な警備体制を取れば、中国や韓国を干上がらせることができる。アジアの国にとって非常に大きな脅威にもなり得る。だからこそ、集団的自衛権を持ち、アジアの、そして世界の海を守らないといけない……。（山田吉彦、産経west、2015年6月15日）

この「竹島デザート問題」についてはテレビのワイドショーなどにも恰好の話題を提供した。

「泉谷しげる：金正恩は悪知恵あるね。1年も2年も脅しておいて後から優しくなる。始めからの策略だな。非核とは言え放棄ではない。なんだかんだ利用して核保有国になりたいのだな。

松本人志：その前に、これはホンモノか（笑）食事会のデザートに竹島のデザインは嫌や。デザートは甘いものやと思っていたが、こんな苦々しいデザートは許せない！」（フジテレビワイドナショー、4月29日放送）

コメディアンの松本人志は２０１７年12月に安倍首相と「会食」をしたとして話題になったが、慰安婦問題に対してもこんな発言をしていた。

たとえば、韓国が慰安婦問題日韓合意見直しの方針を打ち出したことで平昌冬季五輪開会式への欠席を安倍首相がちらつかせた際、『ワイドナショー』（フジテレビ）も歩調を合わせるかのように韓国批判を展開。松本は日韓合意について「（10億円を）返してくれよ（と言うと韓国は）『返さない』。で、『誠意を見せろ』。じゃあどんな誠意を見せたらいいんですか？（韓国の返事は）『考えろ』。（スタジオ爆笑）……めちゃくちゃですよね」などと語った。

この発言はまったく事実ではない。日本政府は韓国からの10億円返還など求めておらず、韓国政府は新方針で自国での10億円負担を予算化しているのだ。……つまり、韓国が「10億円は返さない」と言った事実などなく、返還に応じないのは日本のほうなのに、松本はこうした虚偽によって韓国が強欲で無理難題を押しつけているような印象を広めたのだ。（「御用ジャーナリスト大賞」に輝いたのは誰だ？　LITERAX、２０１９年１月１日）

第6回日韓共同世論調査――2018年6月18日発表

日本の非営利組織である「言論NPO」と韓国のシンクタンクである「東アジア研究院」（EAI）は、日韓の両国民を対象とした共同世論調査を2018年5月から6月にかけて実施した。この調査の目的は、日韓両国民の相手国に対する理解や認識の状況やその変化を継続的に把握することで、両国民の間に存在する様々な認識ギャップの解消や相互理解の促進に貢献することにある（第6回日韓共同世論調査概要から）。

調査の結果、韓国に対する日本世論は「良くない印象」の割合が46・3%、「良い印象」は22・9%と2倍の開きがあった。またその印象をもった理由としては「歴史問題などで日本を批判し続けるから」が最も多く69・3%、二番目が「慰安婦問題」、三番目が「竹島をめぐる領土対立」がそれぞれ30%前後を占めている。マスコミを通じた印象操作の効果を感じさせる理由と思われる「韓国人の愛国的な行動や考え方が理解できない」「韓国人の言動が感情的」などの回答がそれぞれ15%となっている。その裏返しともいえるように、韓国人の日本人に対する印象は「悪い」が50・6%、「良い」が28・3%で悪いと思う理由はこれもまた、「歴史について正しく反省していない」「独島をめぐる領土対立」が上位を占めた。

さらに「日韓の歴史問題で解決すべき問題」は何かという設問では日本側の回答は「韓国での反日教育」「韓国人の過剰な反日行動」がそれぞれ64%、57%で1、2位を占めている。韓国政府が反日政策を前面に出すことで政権への支持を固めようとしているという見方は、韓国批判の定番の一つだ。しかも「反日」という言葉でひとくくりにして非難を浴びせる手法は大手新聞に限らない。2月に「保険医協会」という業界団体の会誌に韓国の「反日」行動を非難する文章が寄せられたがその内容のお粗末さには驚くばかりだ。

イ・ミョンバクの最期の時から現在に至るまで反日の炎が燃え盛っている韓国は、実は、**反日家と親日家が高句麗の時代から共存する国家**で、どちらに傾くかは内政問題ともいえる。この隣人は、突出して愛国心が強く、自尊心が強い。**現在の韓国は反日団体の韓国挺身隊問題対策協議会（挺隊協）が背後で操っているとの報道もある。**そのぐらいの力を持っているが、大韓民国国家情報院は「北朝鮮工作機関と連携し、北朝鮮の利益を代弁する親北団体」として監視しているという側面もある（ウィキペディア）。明治維新の頃、朝鮮半島は高句麗のあと朝鮮を統一した李氏朝鮮が続いており、長期王朝時代であった。いわゆる韓流ドラマでは美化されているが、末期は王朝の維持だけを考え国民を奴隷同様に扱うような国家となっていた。今の北朝鮮を想像していただけると良い。(「韓国はなぜ反日か」常任理事・猪口寛、佐賀県保険医協会新聞、2018年2月15日)

「高句麗」は紀元前37年から668年まで続いた国家で朝鮮半島の北部と現在の中国の一部を領有していたといわれる。百済、新羅とともにいわゆる三国時代を形成していたが、日本との関係でいえば、特に日本と関係の深かった百済とのあいだでさえも、現代の民族国家間の外交関係とはまったくちがったもので、「反日」「親日」などという概念は当てはまらない。後半に出てくる「高句麗のあと朝鮮を統一した李氏朝鮮」はまったくでたらめな記述で、高麗を高句麗と誤記したとしたならまだしも、時代がかけ離れた二つの国(朝鮮の建国は1392年)を結びつける愚を犯している。

この典型的な反共デマゴーグの中心は「韓国挺身隊問題対策協議会＝現在は正義記憶連帯」が韓国政府を背後で操っていて、この団体は北の工作機関と連携した親北団体だと断定していることだ。慰安婦の立場に立って日本の責任を追及してきたこの市民団体を韓国で「北の手先」呼ばわりしてきたのは、「メディアウォッチ」「イーデイリー」などの韓国内の右翼言論機関だったが、正義記憶連帯側の名誉棄損訴訟が行われ、1審、2審とも「虚偽事実流布」が認定されて言論側に損害賠償が命じられた。また朴槿恵政権と安倍政権が「不可逆的、最終的」に合意に至ったという2015年「慰安婦合意」内容に非公開の秘密条項（裏取引）があったことが明らかにされたが、それによって「関連市民団体の説得」、「性奴隷」表現を使わないなどの日本側の要求が受け入れられていったことが知られている。実はそのとき日本側と交渉にあたったのが、当時の国家情報院長であったことから、国家情報院が市民団体を敵視し、「親北団体」としてフレームアップしようとしたことは容易に想像できる。

また「反日教育」について、文政権がその政策を受けついでいるといわれる盧武鉉政権以来の方針を非難するやり方は、やはり韓国内の保守メディアと通じている。

時代を超えて繰り返す「親日派狩り」を支えるのは韓国の反日教育だ。現在の大学生までの若者は、2007年（盧武鉉政権時期―引用者）に定めた教育課程で高校までの教育を受けている。このカリキュラムでは中学校で「歴史」が初めて独立の教科とされ、歴史教育の充実化が図られた。これは現在までも継続されており、日本の植民地支配をすべて悪とする「正しい歴史」を韓国の若者に今もなお植えつけている。

文在寅大統領は慰安婦問題の蒸し返しや徴用工問題での賠償請求を韓国国民の民意として反日政策の手綱を緩めない。一方、韓国社会では自己浄化として親日派狩りが横行し、近代韓国を築いた功労者やその子孫を容赦なく糾弾してしまう。

反日正義の韓国は何とも殺伐とした社会である。（「韓国で活発化する『親日派狩り』　盧武鉉の反日政策の具現化」産経新聞デジタル、4月16日）

ある大統領（盧武鉉大統領のこと―引用者）は大韓民国建国の歴史を「正義が敗北し、日和見主義が力を持った歴史」などと主張し、また全国教職員労働組合（全教組）は政府を樹立した初代大統領（＝李承晩―訳者註）と漢江の奇跡を成し遂げた大統領（朴正熙―同）を「米国のかいらい、操り人形」「親日派」などと侮辱する動画を幼い児童生徒たちに、しかも授業時間に見せている。（朝鮮日報社説、２０１８年8月16日）

「日本の植民地支配をすべて悪とする」という見方を否定することは、後に触れる日韓会談時の「久保田発言」と同様に「植民地支配にも良い点はあった」とする見解にほかならない。また「自己浄化として親日派狩りが横行」していると断じているが、これは植民地支配の責任をただ日本にだけ問うのではなく、内部協力者である自国民を批判する態度であって果たして非難されるべきことなのだろうか。もっとも日本では自国の過去の歴史を批判的に説明すると「自虐史観」だといって非難されるので、そのようないい方が受け入れられるのかもしれない。

産経新聞のいう「近代韓国を築いた功労者」とは具体的に誰を指すのだろうか。２００９年に当時の盧武鉉大統領の直属機関として活動した「親日反民族行為真相究明委員会」の報告書には1005名の親日人士の名が登場し、同年、民間団体である民族問題研究所が発行した『親日人名事典』（全3巻）には4776名もの名が網羅されている。そのなかには日本名「高木正雄」として尽忠報国・滅私奉公の血書を書き新京（旧満州国の首都）軍官学校に入学し、皇国軍人の道を歩んだ「朴正熙」の名前も載せられている。彼こそが後に大統領として、国民の反対を押しきり、日韓条約を締結して今日の「慰安婦問題」「徴用工問題」の禍根を作り出した張本人でもあった。

ここで「反日教育」批判について整理してみよう。

反日教育と指摘されているものの第一に、領土問題である独島（＝竹島）の領有権を韓国の学校教育で教えていることを挙げている。だがこれは公式には未解決の問題であるために、それぞれがその国の立場で教育にとり入れているのは日本も同様で、一方的に韓国のみを非難することはできない。

文部科学省はすでに2008年、中学校社会科の学習指導要領解説書に「竹島は我が国の固有の領土」と明記している。また、「我が国と韓国の間に竹島をめぐって主張に相違があることなどにも触れ、北方領土と同様に我が国の領土・領域について理解を深めさせることも必要である」という内容を盛りこんでいた。解説書は法的拘束力がないものの、2010年小学校

5年生の社会教科書5種すべて、2011年に検定を通過した中学校教科書17種中14種に「竹島は我が国の固有の領土」という内容が記載された。

第二に「韓国では慰安婦の存在について事実を歪曲して教えている」と主張する。2018年3月5日付　京郷新聞によれば、「日韓慰安婦合意」直後の2016年に配布された社会科教科書では削除されていた「慰安婦」という言葉が復活したことを伝えた。2016年の教科書では「連行されて行った人たちのなかには女性も多かったが、戦場に連れていかれた若い女性たちは日本軍から大きな苦痛を受けた」という記述だった。だが新しい教科書では「慰安婦女性は当時の朝鮮だけではなく日本軍の占領地域の女性たちが強制的に日本軍慰安婦として連行され耐え難い苦痛を受けた」と変わったことを伝えているが、慰安婦の存在を事実ではないと主張する立場から、これを「反日教育」といっているにすぎない。日本の自称「愛国主義者」たちは過去も現在も日本（政府）の行為は批判されてはならないという強い信念をもっていて、「慰安婦」を「自発的な売春婦」と主張している。

いいかえれば、戦場の兵士たちは死の恐怖と闘いながら毎日を暮らしているから性的欲望の解放がその過酷なストレスを和らげる役割を果たした（買い手の事情）。一方、「売春婦」たちは少しでも多くの金を得るために戦場で兵士たちの相手をして稼いだ（売り手の事情）のだから、結果的には需要と供給の意思が一致して成立したビジネスに過ぎないとでもいいたいのだろうか。だからこそ当時の日本軍には、道徳的に、人間的に非難されるべきことはないとして日本軍の野蛮行為を擁護する反面、それを誹謗する韓国人を自分たちの都合で売春しながら今頃になって謝罪や補償を要求する厚顔無恥な人びとというイメージを広げようとしている。

第三に「植民地支配をすべて悪いことだとして教えている」という批判は正当だろうか。

1953年に開かれた日韓国交正常化のための第3次日韓会談は日本側主席代表・久保田貫一郎の発言で決裂し、その後4年半にわたって会談は開かれなかったという事実を想起する必要がある。その時久保田が言ったことは、「**総督政治のよかつた面、例えば禿山が緑の山に変った。鉄道が敷かれた。港湾が築かれた、又米田…米を作る米田が非常に殖えたというふうなことを反対し〔ママ〕要求しまして、韓国側の要求と相殺したであろうと答えた**」（参議院水産委員会、質疑中久保田の答弁、1953年10月27日）という内容だったが、今日に至るまで植民地支配正当化論者たちは少しも変わることなく、植民地支配下の搾取、略奪、人権蹂躙、拷問、殺人、文化抹殺などを無視したまま中国侵略基地としてのインフラ整備でしかない開発政策を「日本の援助があったからこそ朝鮮は近代化を実現し、今日の発展の基礎を築いた」と強弁し続けている。

最後に「相手国の首脳に対する印象」を見ると、文在寅大統領に対する印象は「（良いか悪いか）どちらともいえない」「わからない」を合わせて59・2％で「大変悪い、どちらかといえば

77　第6回日韓共同世論調査——2018年6月18日発表

悪い」の24・5%を大きく上回り、隣国の首脳に対してまだ特別な関心がないことを示している。同じ質問に対し韓国の世論の74・6%が安倍首相の印象を「悪い」と評価しているのとは対照的だ。だが1年後、第7回日韓共同世論調査ではこの数字が大きく変動して文大統領に対する印象を「悪い」と答えた日本人が50・8%と半数を超えることになる。これは、この1年間に韓国の政権に対してどれほどのヘイトスピーチがあふれていたのかを反証する結果とも見ることができるだろう。

文在寅《ムンジェイン》政権攻撃の導火線　6・13地方選挙――2018年6月

6月13日、韓国で地方の自治体首長と地方議会議員を選ぶ「地方同時選挙」が実施された。国政を直接左右する国会議員は2016年4月の選挙で選出された議員がそのまま国会で活動をしていて、審判は2020年まで待たなければならなかった。* 罷免された朴前大統領の与党だった「自由韓国党（現在の未来統合党。選挙当時はセヌリ党）」は与党とほぼ同数を占めていたため、大統領の失墜にも関わらず「共に民主党」の政策実施にことごとく反対し、国政運営、特にキャンドル革命を通じて国民が切実に訴えた「積年の弊害清算」にブレーキをかけ続けていた。与党である「共に民主党」にとっては文在寅政権1年の評価となり、自由韓国党にとっては保守の巻き返しと党勢の回復をかけた負けられない選挙となった。

＊2020年4月15日に実施された第21回国会議員選挙の結果、全300議席中「共に民主党」180議席、「未来統合党（自由韓国党の後身）」103議席となって国会での勢力分布は大きく変化した。

だが、結果は予想をはるかに超えて「共に民主党」の圧勝に終わった。広域市長（プサン、大邱、光州、仁川など）と道知事17名中、民主党が14（82・4％）、それ以外の市、郡、区長では226名中、民主党が151名（66・8％）、ソウルでは25区長のうち民主党が24名で、それにともなった大統領支持率も70―80％にまで上昇した。1年前の大統領選挙の様相が再現されたともいえるが、国民の生活より権力争いに没頭する保守野党に対して国民の審判が下されたと見るべきだろう。自由韓国党は選挙地盤の大邱、慶尚北道を確保しただけで惨敗の責任をとってホン・ジュンピョ代表は辞任した。全体の投票率は60・2％と高く、民意の反映といってもおかしくない数字となっている。

「保守の壊滅」ともいえる危機に直面した保守陣営は指導部の全面的な交替という応急処置、土下座パフォーマンスなどを見せたものの、国民の審判を謙虚に受けとめ骨身を削る改革によって再起をはかるのではなく、2年後の総選挙で今回の雪辱を期するためにあらゆる手段を動員するという選挙戦略によって生きのびる道を選んだ。

選挙結果に対する世論の叱咤も落ち着きを見せ始めた8月、保守系最大手の日刊紙である「朝鮮日報」が連日政府批判の記事をのせるキャンペーンを開始した。

先に引用したようにこの時期の朝鮮日報の反政府キャンペーンは8月15日の光復節（解放記

念日）での文大統領の祝辞に表された歴史観に対する批判が口火となった。「大韓民国を建国した初代大統領（＝李承晩）と漢江の奇跡を成し遂げた大統領（＝朴正熙）を『米国のかいらい』『親日派』と侮辱した」全教組（全国教職員労働組合）と軌を一にして「大韓民国に繁栄をもたらした『自由民主主義』を消し去ろうとする偏狭な民衆史観」の持ち主と糾弾したのだった。

さらに翌日の社説では韓国原子力学会の実施したアンケート調査によって、回答者の71・6％が原発による電力供給を支持し、反対は26％に過ぎないのに現政権は「根拠のない直観によって」脱原発という国家の未来エネルギー政策を誤って進めていると非難した。

続く18日の社説では「政府の独善がもたらした就職機会の破局」として若者の失業対策を攻撃、8月20日の記事には「脱原発、北朝鮮人権問題への沈黙、防衛事業の放置……自由韓国党、文政権の100大失政選定」と題する記事によって第一野党「自由韓国党」の立場を代弁しながら、政権攻撃の切りこみ隊長の役割を自任することになった。後に「安倍政権─自由韓国党─朝鮮日報＝極右三角同盟」と揶揄されることになるが、今日に至るまでこの新聞は「極右同盟」の一翼を担う姿を変えていない。

また、朝鮮日報、東亜日報に並ぶ三大保守紙の一つ「中央日報」でも文在寅政権が推進する「所得主導成長」路線を糾弾して8月20日からほぼ毎日、社説などで批判の矛先を与党と大統領官邸に向けた。「所得主導」とは最低賃金を引き上げることによって消費を伸ばし経済活動の底上げをはかるものだが、中小零細企業にとっては人件費の高騰を招く賃金引上げ政策は労働時間の短縮（週52時間制拡大）とともに死活問題で、雇用にブレーキをかける愚策だという厳しい批判がまき起こった。この時期の中央日報の見出しだけを並べてもその執拗さがうかがえる。

「待ってくれという青瓦台―所得主導成長に反省はなかった」（8／20）、「現実に目を背けた青瓦台と与党の所得主導成長への執着」（8／22）、「外部からも叫ばれる所得主導成長への憂慮」（8／23）、「両極化の惨状に対して〝所得主導成長が必要だ〟という青瓦台の寝言」（8／24）、「所得主導成長を取りやめなくてはならない5つの理由」（8／25）、「意地と独善では失敗した所得主導成長を蘇らせることはできない」（8／27）、「〝自分たちの所得だけがなぜ下がるのか〟自営業者の叫びに耳を傾けなければならない」（8／30）等々。ちなみに「Mee Too運動への視線」で紹介したように「中央日報」は財閥グループのサムソン系列会社だ。企業が潤うことで労働者も潤うというトリクルダウンを主張したいのかもしれないが、その見本である「アベノミクス」は企業に内部留保をもたらしても、労働者に還元されることはあまりなかったという評価も少なくない。

だが、9月18日にこの年3度目の南北首脳会談を控えていた韓国では、文政権が主導する新たな緊張緩和への前進を期待する雰囲気が高まっていて、これらの保守言論が狙ったほど反政府的な世論を拡散することはできなかった。

再び登場した〈旭日旗〉をめぐる問題　済州島国際観艦式――2018年10月

10月10日から4日間、海上の軍事パレードともいえる「国際観艦式」が韓国の済州島で実施されることになった。韓国では1998年、2008年に続いて3度目の式典だった。それまでプサン海上で行われたものが済州島で行われることになったのは西帰浦市江汀《カンジョン》村に造成された海軍基地の存在をアピールするためだったといわれる。当初大型クルーズ船の寄港も可能になる「軍民複合型観光美港」にするという名分で、自然生態系の破壊や平和の島*である済州島を軍事基地化することに反対する住民の意思を無視して基地は建設された。その建設過程や基地の性格は沖縄の辺野古基地建設を強行しようとする日本政府と沖縄住民の対立構図によく似ている。だが問題は国際観艦式の済州島での開催の是非とは別に、日韓間の歴史認識問題の再燃という意味で大きな注目を集めた。

*平和の島：済州島では1948年4月3日に朝鮮半島南半分（韓国）での単独選挙に反対する武装蜂起が起こ

り、これを鎮圧する討伐隊が7年にわたって島民を武力弾圧し続けたため、当時の人口の10％にあたる3万人もの人が虐殺されたといわれている。（4・3事件）済州の人びとは痛ましい過去を克服するために理念のちがいを超えて共生の道をともに歩むことを訴えて済州島から世界に向けて平和のメッセージを発信している。

9月28日の各紙は、韓国側が日本の海上自衛隊に対し「自衛艦旗」である旭日旗の掲揚を控えるように要請してきたことを報じ、小野寺防衛相（当時）が「自衛隊法や国連の海洋法条約に基づき掲揚の義務がある旭日旗を下ろすことはない」とただちにこれを拒絶したと伝えた。これに関して日本の言論は旭日旗＝国家主権の象徴であり、これを下ろせというのは国家の主権を侵害することだと声高に叫んだ。

今回の観艦式での要請について、韓国海軍関係者は参加15カ国に対し、海上パレード中に自国国旗と韓国国旗だけを掲げるよう通知したと明らかにしたが、世論に配慮して旭日旗を使えなくしたとしか思えない。……理性を欠いた韓国の「トンデモ要求」に、日本側はあきれ果てているようだ。ある海自幹部は、「国籍を示す自衛艦旗は国の主権の象徴でもある。『降ろせ』というのは非常識かつ礼儀を欠く行為で受け入れられない」と話した。（〝非常識〟韓国に防衛省「NO」「旭日旗の掲揚自粛」理不尽要求を断固拒否、zakzak 夕刊フジ、2018年10月1日）

また別の紙面では海上自衛隊のＯＢの話として旭日旗自粛要請は大使館に国旗を掲げるなというのと同じことだと論理を飛躍させる。

どれくらい非常識なのか、海自ＯＢは喩え話を始める——。もし一部の日本人が、東京の韓国大使館に国旗＝太極旗が掲揚されているのを「気に入らないから自粛させろ」との運動を始めたとしたら、我々日本人はどう思うだろうか？

「多くの日本人は呆れ、『韓国に失礼だからやめろ』との世論が高まるでしょう。逆も同じです。韓国人がソウルの日本大使館で国旗＝日章旗が掲揚されているのを『気に入らないからやめさせろ』と抗議した場合、日本の世論は今より敏感に反応するはずです。旭日旗の自粛要請は、『国旗＝日章旗を掲げるな』との要請に等しいのです。（デイリー新潮、２０１８年10月６日）

「無礼」「非常識」とともに韓国政府の対応は日本に対する外交的無知・無理解がもたらしたものだともいう。あるニュース番組中にコメンテーターの述べた言葉をダイジェストで伝えたものによれば、次のように要約される。

そもそも、韓国の「自粛要請」はなぜ起きたのか。

日韓関係に詳しい、神戸大学大学院の木村幹教授は「韓国の大統領府が旭日旗に反対する韓国の国会と世論の動きを見誤り、日本の対応を読み違えたために起きた事案。文政権の日本担当者の質的な劣化と、行き当たりばったりの対応の表れである」と指摘。さらに、南北会談や米韓会談などの首脳外交を韓国の大統領府が高く自己評価し、ナショナリズムが高揚しているため、外交上の配慮に欠けたのではないかと分析した。（ＦＮＮ「プライムニュース イブニング」、２０１８年10月12日放送分より）

結局日本は国際観艦式への不参加を5日に発表した。観艦式終了後も日本のメディアは韓国が他国に対しては国旗のみを掲げるよう要請しながら、大統領が乗船した軍艦にはかつて壬辰倭乱（文禄慶長の役）で朝鮮水軍を率いた李舜臣の栄誉を表す旗を掲げていたことを非難したりした。

与党「共に民主党」などは、「戦犯国として最低限の恥も知らない」「韓国海軍の歴史の象徴である水軍隊長旗と、われわれの領土を侵略した加害国が戦争犯罪に使った旭日旗と比べることができるのか」と逆に反発し、日本に「過去に対する徹底した反省と謝罪」を求めている。

さらには「東アジアの未来に日本はいない」とも言い放った。

韓国にありがちな、世論を意識した主張である。日本との関係と国民感情をはかりにかければ、国民感情の方が重い。これが韓国の実態なのだ。他の国には決して言えないことが、日本にだけは「歴史」を理由にして何でも言う。それほど日本は軽く見られてきている。（産経新聞iza、２０１８年10月21日）

日韓の歴史に関する問題が浮上するときに日本の言論がいつも相手国の「非常識」や「身勝手」などをときに感情的に非難しながら、その主張や行動の根拠を説明しないことは報道の姿勢として公正さを欠いているといわざるをえない。

韓国の人たちがなぜ「旭日旗」に拒否反応を示すのか。朝日新聞や毎日新聞は「国際観艦式」で、韓国側が日本側に自衛艦旗である旭日旗の掲揚自粛を求めていることに関連し、「（日本の）植民地支配の痛みを記憶する韓国人の気持ちに、旭日旗がどう影響するか日本ももう少し細かく考慮する必要がある」と述べた（毎日新聞、10月1日）とイ・ナギョン国務総理の国会答弁を紹介したものの、それ以上の解説はしなかった。

旭日旗は明治時代の初め１８７０年に帝国陸軍の象徴として、１８８９年には海軍でも正式な軍旗として制定された。１８７４年には天皇の親衛隊である近衛歩兵連隊に初めて天皇から直接軍旗が授与され、以降、全国各地の歩兵連隊、騎兵連隊、砲兵連隊に授与されていった。それは単なる軍の象徴というより天皇の分身と思われていて最大の敬意が払われていたという。1938年に発行された「軍艦旗制定50周年に際して（海軍省海軍軍事普及部編）」には旭日旗の表す意味が次のように記されている。

「**我が軍艦旗は、周知の通り紅の日章から四周に十六條の光線が放射している象であって、これは言うまでもなく『御稜威《みいつ》を四海に輝かせ』との意義に外ならぬ**」

つまり大日本帝国＝天皇の威光が全世界に届く様子を象ったもので、単純に輝く朝日ではなかった。だからこそ軍の記念日などでは必ず連隊長が軍旗に向かって抜刀の礼を行い、兵士たちは捧銃《ささげつつ》の姿勢を保った。毎年部隊のある地域の住民と親睦を深める行事として「軍旗祭」が行われ、東南アジアや中国などの占領地に日本軍部隊が入城するときにもその先頭には常に軍旗が翻っていた。儀式などで軍旗を捧持する「旗手」として勤務したことのある人の回顧にこのような一節がある。

「4月18日、いよいよ連隊は満州に出発となる。私は満開の桜の中を連隊の先頭を軍旗を捧持して松本駅に向かったが、沿道から松本駅まで市民で溢れ、軍旗を一目でもと押し合う群衆に、激励と別離の熱気を感じた。当時皇軍は連戦連勝していたから、満州の野にへんぽんと翻るであろう我が連隊の軍旗に市民は熱い期待を寄せて武運長久を祈ってくれたのであろう

……」（「陸軍と軍旗」西宮正泰、『偕行』、平成26年7・8月号）

また先に引用した軍艦旗制定50周年のその年から始まった朝鮮人特別志願兵制度はやがて1944年には徴兵制度に変わって、植民地朝鮮の若者が日本の侵略戦争に直接駆り出されるようになるが、彼らの行進する姿の先にはやはり旭日旗が掲げられていた。

こうした歴史を踏まえたとき、旭日旗は外務省や菅官房長官の「旭日旗のデザインは大漁旗や出産、節句などの祝い旗として日本国内で広く使用されていて軍国主義の象徴だという指摘は全く当たらない」という説明は、単なるデザインとしての旭日模様と、海上自衛隊が軍旗として使用する旭日旗のちがいを意図的に覆い隠そうとするごまかしだといわざるをえない。ヘイトデモのなかで韓国・朝鮮人に罵声を浴びせるデモ隊の、彼らに生命の危機を感じさせるほどの憎悪の表現の源には、今も旭日旗が翻っていることを私たちはこの目で目撃しているからだ。

「徴用工」への賠償判決を出した韓国大法院――2018年10月

10月30日、韓国大法院（日本の最高裁判所にあたる）は植民統治下の朝鮮半島から軍需工場などで非人間的な労働に従事した原告4名に対し、被告である新日鉄住金が損害賠償金を支払うよう命ずる判決を下した。2013年に初めてソウル中央地裁に訴訟を起こしてから5年目の司法判断だった。この判決が報じられると日本政府からの非難声明をはじめ、あらゆる言論が一斉に韓国側の判決と、これを擁護する韓国政府への猛烈な批判を開始した。旭日旗問題や慰安婦問題と同様に歴史認識の問題であることから、日韓の歴史をめぐる争点が一気に噴出する契機となり、2019年の経済報復措置とそれに対抗する日本製品不買運動を引きおこす引き金にもなった。さらに重要なことは、今後日本企業を相手とする同様の判決が続くことが予想されるなか、「日本企業が際限ない賠償責任を負わされる」と危機感をあおって、今や韓国は日本を攻撃しようとする「敵国」になりつつあることを刻印しようとしたことだ。当初韓国を「扱いにくく、理解できない国」として嘲笑したり、侮辱する対象だったものが、今や北朝鮮や中国とともに日本の平和と安全を脅かす脅威に仕立て上げられていった。

徴用工に関連しては２０１８年の時点で15件の訴訟が提起されており、対象企業は70社を超える（日本経済新聞、２０１８年10月30日）。そのためこの判決を認定すれば日本企業への大きな圧迫となり、日本の植民地支配や戦争責任の問題は解決済みとしてきたこれまでの政府の立場が脅かされることは明らかだった。その日の夜、ＮＨＫの報道番組はただちにこの判決の「深刻さ」をとりあげ解説した。

> きょうの判決は、**「植民地支配は不法な強制的な占領だった」**と決めつけたうえで、「植民地支配と直結した不法行為などは請求権協定の対象に含まれていない」と断定し、新日鉄住金に賠償を命じたのです。
> この論法を使えば、植民地時代に行われたことがことごとく不法行為と見做され、元徴用工や元慰安婦に留まらず、当時の軍人や軍属、原爆被害者などからも損害賠償を求める請求が次々と起こされ、**被告となった日本企業が際限ない賠償責任を負わされる**ことにもなりかねません。双方の外交努力によって解決したはずの問題が〝蒸し返された〟〝またゴールポストが動いた〟と受け取られても仕方ないでしょう。（太字は引用者）（「元徴用工判決の衝撃」出石直解説委員、ＮＨＫ時論公論、２０１８年10月30日）

ＮＨＫは判決の内容を予想して準備していたかのように、問題点を整理し判決のもたらす影響について警鐘を鳴らした。その核心は「植民地支配は不法な強制的な占領だった」として「植民地支配は合法だった」と主張する日本政府の歴史観を否定したことと、今後「日本企業が際限ない賠償責任を負わされることにもなりかねない」という恐怖にあった。これらの主張はこの後展開される各新聞・テレビ等のなかで受けつがれ、韓国批判の大合唱を先導するものとなった。

翌31日、新聞各紙の社説はいっせいにこの判決をとり上げて論評した。

韓国最高裁は２０１２年にも、元徴用工が個人請求権を行使できる、との判断を示している。今回の大法廷の審理でも、反日ナショナリズムに迎合し、不合理な認定を踏襲した。（読売新聞社説、「『徴用工』判決　日韓協定に反する賠償命令だ」）

一方的に条約や協定の解釈を変更するなら、国際法の規範をゆがめ、日韓関係に大きな対立を生むのは避けられない。（毎日新聞社説、「韓国最高裁の徴用工判決　条約の一方的な解釈変更」）

日本側は元徴用工の請求権の問題は「解決済み」との立場を引き続き堅持し、韓国政府にはあくまでも国内問題として対処するよう求めていくことが肝要だ。（日本経済新聞社説、「日韓関係の根幹を揺るがす元徴用工判決」）

根拠なき要求に屈すれば、さらなる要求を招く。慰安婦問題を含め、日本政府は謝罪外交の過ちを繰り返してはならない。国同士の約束を破り国際的信用を失うのは韓国である。（産経新聞「主張」、「抗議だけでは済まされぬ」）

植民地支配の過去を抱えながらも、日本と韓国は経済協力を含め多くの友好を育んできた。だが、そんな関係の根幹を揺るがしかねない判決を、韓国大法院（最高裁）が出した。（朝日新聞社説、「徴用工裁判　蓄積を無にせぬ対応を」）

1965年に「日本国と大韓民国との間の基本関係に関する条約（以下、「日韓条約」とする）」を締結することで、日本と韓国は戦後20年たってようやく国交を正常化した。そのとき、条約に付随して定められた「日韓請求権協定」によって植民地支配に関連した被害補償の問題はすべて解決したとするのが日本政府の立場で、その前提には「植民地支配は日韓双方の合意にもとづく合法的なもの」だという認識があった。報道各社の主張はこの日本政府の立場に沿って、大法院判決を請求権協定の不当な解釈変更であり、日韓条約の根本を覆すものと断罪した。

さらに、このような判決を下した理由を「反日ナショナリズムへの迎合」と決めつけたり、政府に対しては「謝罪外交の過ちを繰り返すな」と強硬姿勢をたきつけようとした。

唯一、朝日新聞の社説の一部だけが「**政府が協定をめぐる見解を維持するのは当然としても、多くの人々に暴力的な動員や過酷な労働を強いた史実を認めることに及び腰であってはならない**」（朝日新聞社説、同前）と、大法院判決が示した問題の本質を提示したが、その後植民地支配の実態や合法性の是非などに関して国民的議論を促すような持続的な報道は現れなかった。むしろ、朝日新聞 同日紙面の「視点」ではソウル支局長・牧野愛博の署名記事として次のような解説をしていた。

韓国では大統領が司法機関を含む人事や予算などの権限を一手に握り、「皇帝と国王の力を足したほどの権力」（大統領府の勤務経験者）を持つ。半面、その政治が世論に迎合しやすい例えとして、「法の上に『国民情緒法』がある」ともいわれる。今回も、世論の支持を得るための政治ゲームに徴用工問題が巻き込まれたとも言える。（『視点』「日韓関係の前提を覆す」、10月31日）

牧野愛博は、韓国の大統領を皇帝や国王になぞらえてその存在が前近代的なものだというイメージを読者に与え、「世論の支持を得るための政治ゲーム」をしていると揶揄した。また「法の上に『国民情緒法』があるともいわれる」という表現で韓国では遵法精神が欠如していて、大衆迎合的な政治手法によってその時の政策や司法の判断を決定しているという誤った印象を植えつけようとするが、「Me too 運動への視線」でも呉善花教授がまったく同じ指摘をしている。その際言及したように、この表現はもはや、韓国が近代的な法治国家ではないと非難するときの常套句になり下がってインパクトを失っている。にもかかわらず、そうした手あかのついた表現を朝日新聞もまた無批判に引用して、まるで最近の韓国を表現する言葉として新しく登場したかのように使っているのは、偏見を拡大再生産しようとする、嫌韓メディアと何ら変わるところがないといわざるをえない。

また、各テレビ番組でも政府と同じ立場で韓国非難を拡散させていったが、特に今回の問題とは直接に関係のない、韓国企業のパワハラ事件をことさらにとり上げて韓国への偏見を拡大させることを狙ったような底意を感じさせるものもあった。

韓国未来技術の会長は、ビンタの他にも一緒にレバーを食べていた部下の髪の毛をレバー色に染めさせたり、社員教育と称して弓矢や刀で生きたニワトリを襲わせたりしていた。会長の異常な言動は元妻の知人にまで及び、元妻の浮気を疑った会長は男性を呼び出して弟と共に暴行。自身の靴裏を男性に舐めさせて治療費を渡していた。さらに会長は、自社サイトに投稿された盗撮・わいせつ動画を有料配信。わいせつ違法動画で年間50億円売れていたという。（CB

Cテレビ　『ゴゴスマ』、2018年11月8日放送）

この報道は暴行場面を撮影した「衝撃的映像」が韓国のニュースサイトで公開され、それが日本でも報道されたことに始まるが、事件自体は2015年のことで、問題の会長は暴行、横領などの容疑で逮捕され現在裁判が進行中だ。この猟奇的事件はコメンテーターの「韓国のドラマではよくある光景。日常茶飯事といっても過言ではない」（辺真一、フジテレビ系列『バイキング』、11月5日放送）といった偏見コメントとともに11月1日から11日まで「羽鳥慎一モーニングショー（テレビ朝日）」「ゴゴスマ」「ひるおび（TBSテレビ）」など、ほぼすべてのワイドショー番組などで放送され続けた。

政府を批判する者はつぶす

こうして言論各社が足並みをそろえて韓国に対する不信や嫌悪感を煽っていった背後には、司法の下した判断と、韓国政府の方針や国民感情をすべて一括りにして感情的に拒否感を露わにすることをためらわなかった日本の政治家たちがいた。

「本件については、１９６５年の日韓請求権協定によって完全かつ最終的に解決しています。今般の判決は国際法に照らしてあり得ない判断であります。日本政府としては毅然《きぜん》と対応してまいります」（首相記者会見、２０１８年10月30日）

「この判決は、日韓請求権協定第２条に明らかに反し、日本企業に対し不当な不利益を負わせるものであるばかりか、１９６５年の国交正常化以来築いてきた日韓の友好協力関係の法的基盤を根本から覆すものであって、極めて遺憾であり、断じて受け入れることはできません」

（外務大臣談話、同10月30日）

安倍首相は11月1日の国会でも同じ発言をくり返した。

「未来志向の日韓関係構築に向けて協力していくことを確認してきたにもかかわらず、韓国主催の国際観艦式での自衛艦旗掲揚の問題や、韓国国会議員の竹島上陸、韓国大法院（最高裁）の判決など、それに逆行する動きが続いていることは大変遺憾だ。今般の判決は、国際法に照らせば、あり得ない判断だ。国際裁判を含め、あらゆる選択肢を視野に入れ、毅然と対応していく」（衆院予算委員会）

また河野外相も機会あるごとに判決批判を執拗に主張し続けた。

判決から2時間後、河野太郎外務大臣は外務省の大臣接見室に韓国の駐日大使を呼んだ。握手もせずに着席を促し「法の支配が貫徹されている国際社会では考えられない」と目を合わせずに抗議の言葉を伝えた（10月30日）。

「韓国側から『お互いに知恵を出そう』という話があったが、百パーセント韓国側の責任において考えることだ」（自民党議員に対して、11月1日）

「日韓関係の法的基盤が崩れては『未来志向』もない」（記者会見、11月2日）

「（日韓請求権協定は）韓国政府が責任をもって韓国国民に補償や賠償をするという取り決めだ」（茅ヶ崎市での街頭演説、11月3日）

「国際法をひっくり返すような話で、国際社会に対する挑戦だ」（高崎市での講演、11月4日）

一方その頃、河野外相による上から目線の韓国非難を批判した記者のツイートに抗議が殺到して本人が削除して謝罪するまで追い込まれたこともあった。

「産経デジタル iza」（2018年11月1日）によれば（河野外相が李洙勲駐日韓国大使を呼んで抗議を伝えたことに対して）、「韓国政府に『お前の所の最高裁を何とかしろ』との要求か。三権分立の無視も甚《はなは》だしい。日本国内で同様のことをしているから、おかしいとは思わないのだろう」というツイッターを書きこんだ毎日新聞の記者に批判、抗議が殺到したという。さらに夕刊フジが翌日、毎日新聞社に「ツイッターの内容は同社の見解なのか？」「三権分立の無視とは？」「日本国内で同様のことをしているとは具体的に何なのか？」という趣旨の質問状を送ったところ、毎日新聞社は「徴用工判決に対する社の見解は10月31日付社説のとおりで、該当ツイートは本人が削除した」と回答した。また記者は「不適切な書き込みをしてしまいました。このツイート全文を削除します」と謝罪した。

このように政府に対して批判的な言動をみせる者に対して、ネットユーザーの個人攻撃や、御用メディアの公開非難などを通じて強い圧力が加えられたが、同じころ権力の中枢と対峙しながら報道の使命を果たそうとする記者への政府側の露骨な弾圧が明らかになりつつあった。

東京新聞社会部の望月衣塑子記者に対して、「官房長官記者会見」で菅官房長官、総理大臣官邸報道室が質問妨害、回答拒否の姿勢をあらわにした。２０１７年から会見場に参加してきた望月記者は、加計学園問題や辺野古埋立工事に関連して菅官房長官にしばしば踏みこんだ質問を重ねてきた。特に12月26日の辺野古関連質問に対しては、官邸報道室が「事実誤認」「質問が不適切」などとして内閣記者会に対する脅しともとれる文書を各記者に送付するという行動に出て、これを言論弾圧と受けとめた記者たち６００名が官邸前に集まって抗議集会を開くという事態にまで至った。彼らの行動は望月記者の行動に触発されて言論の役割を再認識する契機になったと思われる。

だが、こうした動きを一顧だにしないまま、数日後、政府は判決に対する日本政府の立場を現地日本企業に伝えるとともに、訴訟対象企業が個別に被害者たちと「和解」交渉に応じないよう釘をさすための説明会をソウルで開催した。

在韓国日本大使館は15日、韓国に進出した日本企業を対象に判決に関する説明会をソウル市内で開き、約70社80人が参加。丸山浩平・総務公使は冒頭、個人請求権問題は１９６５年の日韓請求権協定で解決済みとする政府見解を説明し、「日本企業の経済活動の保護を最優先に考えている。官民の連携を取りたい」と述べた。（毎日新聞、２０１８年11月15日）

こうして官民一体となったキャンペーンは功を奏し、11日から13日にかけてNHKなどが合同で世論調査をした結果、日本企業に賠償を求めた韓国大法院の判決に「納得できない」と回答した人が69％に上ったという。

韓流アイドルが原爆被害を嘲弄?――2018年11月

11月8日、テレビ朝日の音楽番組「ミュージックステーション」は、翌日の放送出演が予定されていた、韓国のヒップホップグループ『防弾少年団』の出演とり消しを公示した。前日の中止とはきわめて異例のことだから、何か事故でも起きたのかと思ったらメンバーの一人が以前に着用したことのある「原爆Tシャツ」が問題になったというものだった。

「以前にメンバーが着用されていたTシャツのデザインが波紋を呼んでいると一部で報道されており、番組としてその着用の意図をお尋ねするなど、所属レコード会社と協議を進めてまいりましたが、当社として総合的に判断した結果、残念ながら今回はご出演を見送ることとなりました」（ミュージックステーション・ホームページ、2018年11月8日）

ここでいう「一部の報道」とは東京スポーツ紙が10月25日に伝えた内容のことと思われる。

韓国の人気K・POPグループ「防弾少年団（BTS）」の〝反日活動〟が同国内で絶賛され

ている。……リーダーのＲＨはデビュー間もなくの２０１３年8月15日、ＢＴＳの公式ツイッターで、「歴史を忘れた民族に未来はありません」とつぶやいている。「歴史を忘れた民族」とは韓国が日本を批判する決まり文句だ。今月中旬にはメンバーのジミンの肖像がアップされたが、注目を集めたのはＴシャツだ。記事によるとＴシャツのプリントは「日本に国を奪われ、日本植民地時代を経て、明るい光を取り戻した日が光復節という説明。光復を迎えて大韓民国国民が万歳を叫ぶ姿。原爆投下のシーンなどが盛り込まれている」という。（韓国・防弾少年団ＢＴＳの非常識「原爆Ｔシャツ」リーダーは日本批判ツイート　東スポ）

まず、「リーダーのツイッター」は実際には「今日は光復節……」という言葉で始まり、この日が韓国の人たちにとっての独立・解放記念日であることを考えれば「歴史を忘れた民族に未来はない」という言葉は、自分たちに対して自戒の意味で使われたと見るのが自然ではないだろうか。さらに東スポの引用した記事がどこのものか定かでないが、たとえば10月16日の「レコードチャイナ」ではある韓国のスレッドで「ジミンが昨年着ていたとされるＴシャツを紹介。Ｔシャツは光復節を記念したもので、原爆のきのこ雲と、解放を迎えた韓国国民が万歳を叫ぶ姿がプリントされていたという」と1年前のことだという話になっているが、東スポは「今月中旬……注目を集めたのはＴシャツだ」という表現で２０１８年の10月中旬のできごとのように書いている。これらの故意に歪めた報道に呼応して、悪名高き「在特会」の元代表・桜井誠はブログで「日韓基本条約破棄判決が出たばかりの現在、国民世論が日韓断交で沸き上がっている中で、こうした韓国人を出演させることを是とするのか？」といいながら「テレビ局が一番怖がるのは、スポンサーに直接抗議されることだとか」とテレビ朝日の番組スポンサーへの抗議行動をほのめかしていた。これに対してジャーナリストの江川紹子は次のようなコメントを書いた。

韓流ドラマを放送していたフジテレビは、２０１１年から12年にかけ、何度も嫌韓デモの対象となり、韓流ドラマのスポンサーまで対象となった。同じように攻めてやるという、いわば恫喝である。それにしても桜井氏は、たかだかメンバーの１人が、原爆の写真があしらわれたTシャツを着ただけのＢＴＳを、ああだこうだ言える立場なのだろうか。彼が率いる在特会は、８月６日に広島でデモを行い、「原爆ドーム解体」「被爆者利権を許さない」「血税にたかる被爆利権者は日本から叩き出せ」「広島平和記念公園を解体するぞ」「核兵器推進」と叫ぶなど、被爆者の思いを踏みにじる言動を重ねてきた。（「ＢＴＳ問題」を嫌韓に利用する愚行から離れて江川紹子の提言、Business Journal、２０１８年11月20日）

こうした状況から、テレビ朝日が嫌韓に凝り固まった人びとの抗議活動を恐れて急きょ前日に出演取り消しを決めたものと思われる。

実は筆者自身も2015年に出版した本のなかで、日本の経営者が「朝鮮戦争が日本の経済復興のきっかけになったので、それに対する恩返しの意味で製造技術を無償提供することを決意した」と書いたところ、その会社に対する「不買運動を起こすぞ」という脅迫まがいの抗議が殺到して、以降韓国での翻訳出版に際して、その会社の協力がまったく得られなくなったということがあった。その会社の名前が目につくようなことはしないでほしいという要請だったが、最近相次いだ「少女像」の展示や映画上映の中止なども、「電凸」と呼ばれる恐怖感を引きおこす脅迫電話によってもたらされたものだった。これらは問題が顕在化した例だが、もし、問題となることを恐れて表現者や、それを公開する主催者が自己規制してしまうような事態になるとすれば、それこそが本当の危機的状況だろう。

またK－POPについて研究する北海道大学の金成玟《キムソンミン》准教授は、BTSのメンバーやTシャツの製作者に「反日」の意図がなかったとしても、グローバルに活動するミュージシャンであるほど、ファンの受けとめ方に思いをいたすことが必要としながら、彼らへのバッシングが不毛な政治的ナショナリズムに悪用されることを警戒してこう指摘した。

本来なら、傷ついたり、戸惑いや違和感を感じた人びとに対して、BTSが丁寧に説明、謝罪して終わりの話です。インターネットで「反日」だと批判されたからといって、テレビ朝日は出演中止をするべきではなかったと思います。これによって「ナショナリズムの政治」が前面に出てきました。インターネットを含めたメディア上でも、日本からは「韓国の反日アイドル」というバッシングが吹き荒れ、韓国ではそれに反応して「日本人はBTSが日本のアイドル以上に活躍したことを妬んでいる」といった声があがる。（yahoo ニュース、2018年12月18日）

ただBTS問題に対しては「慰安婦」「徴用工」問題が起きたときに見られた感情的な反応だけでなく、冷静に考えようとする主張も少なくなかった。たとえば11月9日付毎日新聞では、一橋大大学院の権容奭《クォンヨンソク》教授の言葉を引用して「（両国はこの問題で）いがみあうのではなく、韓国の若者は『なぜ日本ではこれだけ原爆がセンシティブな問題なのか』、日本の若者は『なぜこのようなTシャツが韓国で作られたのか』について互いに思いをはせる機会になってくれれば、本当はいいのですが……」と日韓のあいだに問題が起きた場合の基本的姿勢について提起している。さらに日本のBTSファンは中高生くらいの年齢層が多く、政治的な騒動にあまり影響されず、熱心なファンとして変わらぬ応援を送っているという。「#BTSの日本活動停止を求めます」というタグをつけたツイッターが出回ったりしたが、彼らの日本での活動は多くのファンに支えられて今も旺盛に続けられている。

それにもかかわらず、嫌韓論者たちの禍々しい言説は特定の雑誌に依拠しながら休むことなく「言論の自由」を謳歌しつづけて、生産的な議論に人びとの目が向くことを押しとどめることに熱を上げていた。この時期に新聞広告に載せられ、否応なく人目をひきつけたいくつかの記事の見出しを見ただけでも愕然とせざるをえない。これら低質のプロパガンダが氾濫する現在の状況が、やがて国際世界のなかで孤立し、没落していく日本の未来を垣間見せていることに今こそ気づく必要があるのではないだろうか。

●Will 1月特大号　11月26日発売（ワック出版局）

徴用工判決、旭日旗侮辱、防弾少年団（ＢＴＳ）の無礼、
――総力特集　ユスリ、タカリ、日本中、嫌韓ウェーブ‼
安倍政権はもう許さない　阿比留瑠比（産経新聞論説委員）
呆韓国に知恵をつけた醜い反日日本人たち　高山正之、大高未貴（ジャーナリスト）
極左政権　文在寅の淫謀だ　西岡力（麗澤大学客員教授）
国民感情が憲法となる韓流　呉善花（拓殖大学教授）

被爆者をあざ笑う気か　和田政宗（参議院議員）
安倍首相──「韓国に実効ある懲罰を」　永田二郎（政界ウォッチャー）
半島が一番輝いたのは日本統治時代　松木國俊（朝鮮近現代史研究所長）但馬オサム（文筆人）
櫻井よしこの元朝日・植村隆との裁判勝訴報告も掲載

●月刊　Hanada　1月福袋号（飛鳥新社）
〝徴用工〟を焚きつけた反日日本人　櫻井よしこ、西岡力
軍艦島元島民が語る〝徴用工〟の真実　加藤康子（内閣官房参与）
韓国の知的レベルはこの程度　室谷克美（評論家）
韓国を困らせる五つの対抗策　八幡和郎（評論家）
司法紛争なら日本は圧勝　丸山和也（参議院議員）
日韓関係をぶち壊す韓国　佐藤優（作家・元外務省主任分析官）
文在寅の悪巧みと金正恩　重村智計（東京通信大学教授）
私と日本国民は自衛隊と共にある　安倍晋三（自衛隊記念日観閲式訓示）

慰安婦和解・癒やし財団の解散決定――２０１８年11月～12月

韓国の女性家族省は11月21日に、韓国の元「従軍慰安婦」の人たちを支援するための〈和解・癒やし財団〉について正式に解散を進め、事業を終了することを決定したと発表した。同財団は２０１５年12月に当時の朴槿恵政権と日本政府のあいだで合意された「慰安婦問題」の解決のための政策の一つとして、日本政府が拠出した10億円をもとに２０１６年7月に設立、運営されてきた。

韓国政府の「合意検証タスクフォース」などの検証を通じて明らかになった内容を踏まえて、財団解散の理由として挙げられたもののうち、最も重要なものは「合意の過程で被害者の意思を充分に集約しなかった」ことだといわれる。「被害者の意思」とは日本政府が法的責任を認めた上での国会決議などを通した公式の謝罪と、法的手続きを経た賠償金の支払いだった。また財団の８人の理事のうち政府から派遣された３人を除く5人が２０１７年末までに「韓国政府の支援が得られない」として辞表を提出したこともあって「5人以上の理事が必要」

な財団の運営が事実上不可能になっていたことも考慮された。

およそ1年前の２０１７年12月28日に発表された「日韓合意検証タスクフォース」の報告内容を確認した文在寅大統領は「この合意が両国首脳の追認を経た政府間の公式の約束であるという重みにも関わらず、私は大統領として、国民とともにこの合意によって慰安婦問題を解決することはできないという点を改めて明らかにするところです」と述べた。

マスコミは当然のようにこの事態に憤慨する語調で厳しい非難を浴びせた。


「日韓合意で慰安婦問題は解決しない」とちゃぶ台返しをしてきた文在寅大統領（プライムニュース・イブニング、２０１８年11月21日）

インターネット上では「10億円ネコババ解散」「事実上の合意破棄であり、国交断絶を宣言しているようなもの」という声があがるなど、議論がヒートアップしている。（Business Journal、２０１８年11月21日）

何度抗議しても繰り返される竹島上陸、両国が合意した日韓請求権協定を覆す元徴用工賠償請求判決、そして慰安婦問題日韓合意の一方的な事実上の破棄など、韓国側の度重なる不義理……。（東洋経済オンライン、２０１８年11月27日）

さらに舛添要一（前出）は11月21日のツイッターで次のようにつぶやいて、韓国では「前政権の決定を覆すことが慣例」と不信を露わにしていた。

「韓国では、『徴用工』判決をはじめ、政権交代すると、前政権の決定を覆すことが慣例のようになっている。その悪弊、そして『先王殺し*』を21世紀になっても続けるようでは、国際的な孤立は免れない」

＊先王殺し：古代ギリシアのオイディプス王が父親を殺して王位についたという、ギリシア悲劇の内容に例えていると思われる。

また、文政権の「慰安婦問題」をめぐる一連の行動は、世論を意識して支持率回復を狙った政治的計算だと断定する。

韓国政府は21日、慰安婦問題に関する日韓合意に基づく韓国の「和解・癒やし財団」の解散を一方的に発表した。日韓合意に厳しい世論や支援団体の批判を踏まえ、青瓦台（大統領府）が、解散に慎重だった（韓国）外務省を押し切った形だ。（毎日新聞、２０１８年11月21日）

文在寅大統領は韓国経済が悪いので支持率が落ちており、その時に切られるのが反日カードである。（後藤謙次発言、報道ステーション、11月21日）

特にこの件に関する報道のなかで注目すべきは政治家の発言が大きくクローズアップされたことだった。NHKは当日、与野党のコメントをまとめているが、立憲民主党と共産党は除外されていた。

安倍首相

「国際約束が守られないのであれば、国と国との関係が成り立たなくなってしまう。韓国には国際社会の一員として責任ある対応を望みたい」

菅官房長官

「合意は国際社会からも高く評価されたものであり、合意の着実な実施は、わが国に対してはもとより国際社会に対しての責任でもある。日本は日韓合意のもとで約束した措置をすべて実施してきており、国際社会が韓国側の合意の実施を注視している状況で、日本としては引き続いて韓国に対して日韓合意の着実な実施を求めていきたい」

河野外相

「合意は国際社会からも高く評価されており、着実な実施はわが国はもとより国際社会に対する責務だ。日本は日韓合意の下、約束した措置をすべて実施してきており、国際社会が韓国側による合意の実施を注視している」

菅官房長官と河野外相のコメントがほぼ同じというのは首相官邸と外務省との緊密な関係、一体性を表しているが、「約束した措置をすべて実施してきた」という部分は、「それに反して韓国は国家間の約束を平気で破る」という印象を与える効果をもたらしている。だが、本当に日本は約束を守ってきたのだろうか。この点については後にあらためて検証してみることにしたい。

国民民主党・玉木代表

「財団の解散は日韓合意に反するもので、大変遺憾だ。国と国との約束はしっかり守ってほしい。日韓関係だけでなく、地域全体の平和と繁栄に大きなマイナスの影響を与えることを強く懸念している」

公明党・石田政務調査会長

「日本はいろいろな議論があっても誠意を持って進めている。国と国で約束したことを履行していくのは当然であり、韓国政府には誠実な実行をお願いしたい」

日本維新の会・馬場幹事長

「財団を解散するのはよいが、宿題は積み残されており、国と国との約束を破ることには甚だ疑問を感じる。この問題についてこれ以上、韓国と交渉する必要はない」

立憲民主党は直接コメントを出していないが、2017年12月に出された「慰安婦合意検証報告書」に対して当時の長妻昭代表代行が「今後も韓国政府に履行を求める」と発言しており、合意の内容自体を肯定的に見ていることがわかる。一方、日本共産党の志位委員長は「日本政府、とりわけ安倍首相が、『合意』で表明した『心からのおわびと反省の気持ち』にふさわしい行動をとってこそ、問題解決の道が開かれることを強調したいと思います（しんぶん赤旗11月23日）と政府の問題解決への行動を求めた。

また自民党内部で強硬に対応することを求める声が相次いでいることが、別のテレビ番組で伝えられた。

韓国政府が元慰安婦を支援する財団の解散を発表したことについて自民党合同会議は「レッドラインを超えた」「大使を召還すべき」など厳しい意見が相次ぎ、韓国政府への非難決議を取りまとめました。決議では韓国最高裁が日本企業に賠償を命じた徴用工判決についても批判していて、国会での非難決議も党内で検討することにしています。（ゴゴスマ、11月22日放送）

こうしてたびたび政治家たちの発言がとり上げられることによって、この問題が単にマスコミでとり上げられた話題の一つにすぎないのではなく、日本の国家としての立場が損なわれてしまうような危機感を呼びおこし、韓国の現政権に対する敵愾心まで植えつける危険性もはらんでいた。

さらに、韓国大法院の強制徴用判決2件や政府の和解・癒やし財団解散発表で、李洙勲駐日大使が10月30日以降の1か月間で3回、日本政府に呼び出されて口頭で抗議を伝えられたが、こうした場面がニュースに映しだされるたびに、両国関係が抜き差しならない所に来ていることを実感させることにもなった。

「慰安婦問題」が「徴用工」や「独島＝竹島」と並んで日韓のあいだで中心的な歴史問題の一つであることは明らかだ。これまでも長年の懸案として、特に「平和の少女像」設置に関して鋭い対立の様相を見せてきた。だが東アジアでの中国やロシアに対する勢力バランスの均衡を願う米国にとって、日韓関係の不安定要因となる「慰安婦問題」の解決は避けて通れない課題として認識されており、２０１５年に行われた「慰安婦合意」に際しては大きな影響力を発揮したといわれる。それはまた日本政府にとっては「安保法制」強行突破の後遺症から抜けだすきっかけとして、外交的成果をあげたいという思惑とも一致していた。そのためか必ずしも政府に批判的でない人の目から見ても、その合意についてはどこか異常な雰囲気が漂っていたという。

あわただしく開かれた日韓外相会談が終わった。双方とも準備不足とみえて、協定文書も残せず、「合意事項」を日韓別々に口頭で発表し、記者会見もなしという異例の形だった。その結果がどう出るかは、今の段階ではわからない。（池田信夫、アゴラ、2015年12月29日）

協定文書もなく別々に口頭で発表された内容の柱は、「全ての元慰安婦の方々の名誉と尊厳の回復、心の傷の癒やしのための事業を行う（外務省、2015年12月28日）」財団を設立して日本政府が拠出金10億円を出し、日韓両政府が協力して事業運営をするというものだった。だが、合意内容に対して国際世論の見方は決して好意的ではなかった。翌2016年になって〈国連女子差別撤廃委員会〉が「最終見解」として合意に関連して次のような問題点をあげた。

(a) 指導的立場にある者や公職者が責任について中傷的な発言を止めることを確保すること。こうした発言は被害者に再びトラウマを与える。

(b) 被害者の救済への権利を認知し、それに基づいて損害賠償、満足、公式謝罪とリハビリのサービスを含む十全で効果的な救済と被害回復措置を提供すること。

(c) 2015年12月に大韓民国と共同発表した二国間合意を実施するにあたって、締約国は、被害者／生存者の意向を十分に考慮し、彼女たちの真実と正義と被害回復に対する権利を保障すること。

(d) 教科書に「慰安婦」問題を十分に取り入れ、生徒・学生や一般の人々に歴史の事実が客観的に提供されることを確保すること（2016年3月10日報告）

特に教科書を通じて、学生や一般の人びとに「慰安婦問題」という歴史的事実を客観的に提供するという課題は過去に犯した過ちを再発させないために、また「元慰安婦の方々の名誉と尊厳の回復、心の傷の癒やしのため」にも必要な後続措置だと思われる。だが現実にはどうだったろうか。河野談話、村山談話、アジア女性基金の発足などで「慰安婦問題」を多くの人びとが知るようになった2012年頃までは、ほぼすべての歴史教科書に「慰安婦」という言葉が記載されていたが、中学校では2012年以降は逆に大部分の教科書から削除されてわずかに1社の教科書のみが記述を残すという状況だった。高校の教科書では比較的多く残されているものの、2017年には13種の教科書のうち4種の教科書から「慰安婦」関連の記述がなくなった。代わりに「慰安婦合意」の内容、特に韓国外相が「平和の少女像」撤去に努力するという内容を記載する教科書が増えて政府による政治介入が疑われた。

またしばらく後の話になるが、10月3日の衆院予算委員会で野党議員の質問に答えた安倍首相の答弁内容は、政府の問題認識への疑問を抱かせるものだった。

昨年末の従軍慰安婦問題を巡る日韓合意に関連し、韓国の支援財団が首相に「おわびの手紙」を求めていることについて「我々は毛頭考えていない」と否定した。（日本経済新聞、2018年10月3日）

これは菅官房長官がしばしば「韓国はその間、要求する最終目的地（＝ゴールポスト）がどこかを明確にせず、国内の状況によって随時変わってきた」が我々は「（合意は）1ミリたりとも動かさない」といい続けてきたことと同じで、合意内容の文言以外の追加措置などは絶対に認めないというかたくなな態度だった。

だが、そうした言葉のなかに誠実な反省や真実味が感じられるだろうか。「慰安婦」に関連した写真展や芸術作品の展示会、映画上映などに外部からの妨害が行われたり、「政治的意図がある」と判断して会場使用が拒否されたりしてきた現実を思いおこせば、今の日本社会のなかで果たして「日韓合意の精神」が生かされているといえるのか。「**日本は日韓合意のもとで約束した措置をすべて実施してきた**（菅官房長官、河野外相）」と本当に胸を張って断言できるのかが問われる問題だと思われる。「金さえ出せば問題解決」にはならないのは1965年の日韓条約ですでに実証済みだ。

問題になるのは、日本は日韓合意の履行に関して10億円の拠出金を出したと必ず主張するが、それが「手切れ金」の意味合いのように韓国側に受け取られている。韓国側からは、「日本は誠実な反省、謝罪をしていない」と言われる。日本からの10億円拠出が和解の一歩であるということ、反省に基づいたものだということを様々な場における言動で示してゆくことが必要となる。それは謝罪を繰り返すことでは必ずしもない。謝罪を繰り返していても、それが相手に伝わらないことも多い。「誠実な」という意味は、謝罪を繰り返すことではない。日本が把握している事実をきちんと発信していくこと、そしてその被害者への気遣いを忘れていないことを出してゆくことである。（「国際社会の慰安婦問題の現状と日本の対応」熊谷奈緒子、平和政策研究所、２０１９年2月19日）

一方、韓国政府の財団解散決定に先立って、２０１８年11月19日に国連の「強制失踪委員会」は「慰安婦」の存在を強制失踪被害ととらえ、日本に対する勧告を行っていた。

財団解散に先立って発表された国際連合の見解についても波紋が広がっている。今月19日、国連の強制失踪委員会は日本に対する審査の最終見解を公表し、慰安婦問題について、元慰安婦らへの補償は十分とはいえず、「最終的かつ不可逆的に解決した」との日本政府の立場に遺憾の意を示したことが報じられた。（Business Journal、２０１８年11月21日）

その「最終見解」の内容とは以下のようなものだった。

委員会は、強制失踪の可能性があるいわゆる「慰安婦」の人数に関する統計情報が欠如していること、およびこれらの事例の加害者の捜査、訴追、および有罪判決がないことを懸念する。さらに、これらの女性に生まれた子どもたちが奪われたという報告や、当該国家がこのような事例の捜査を拒絶しているとの報告がなされていることについても懸念する。締約国が、いわゆる「慰安婦」問題に関連する事実や資料を隠蔽し、あるいは公開を怠っていると報告されていることについて、委員会は引き続き懸念を持っている。さらに当条約第24条（5）に基づく被害者に対する適切な被害回復が行なわれていないことを懸念し、この問題が「最終的かつ不可逆的に解決した」との締約国の立場を遺憾に思う。

ここでいう「締約国」とは日本であることはいうまでもない。日本は２００７年に国連の「強制失踪防止条約」に署名、批准をして締約国となっていた。

自衛隊哨戒機レーダー照射事件──2018年12月

日韓の友好関係を破壊する意図で作りだされるこれらの言動があふれるなかで、両国間に軍事問題でも摩擦が起きるという事件が発生した。しかし、ここでも問題をいたずらに大きくして韓国＝敵国意識を醸成しようという狙いを露わにして旗を振ったのは政治家だった。

「和解・癒し財団」解散の決定で韓国への不信をいい立てる世論がようやく沈静化するかに見えた年末に、海上自衛隊の哨戒機が韓国海軍からレーダー照射を受けたという発表が行われた。12月21日、防衛省で記者会見にのぞんだ岩屋防衛相（当時）は「**攻撃直前の行為といわざるを得ず、不測の事態を招きかねない極めて危険な行為**」と断定し語気を強めて非難した。

防衛省は21日、海上自衛隊厚木基地（神奈川県）所属のＰ1哨戒機が20日午後3時ごろ、石川県・能登半島沖の排他的経済水域内の上空で韓国海軍の駆逐艦から火器管制レーダーの照射を受けたと発表した。韓国軍からのレーダー照射が公表されたのは初めて。日韓関係の悪化が懸

念される。（毎日新聞、２０１８年12月21日）

それにしても、事件が起きた翌日の午後に防衛省の公式会見を行うという行動には違和感を覚える。時間の経過につれてそれがどんなレーダーだったのか、韓国海軍はそこで何をしていたのかなどの情報が少しずつ明らかにされていったが（日韓で主張が食いちがうことも多かったが）、なぜそんなことが起きたのかという真相については双方で見解の相違もある事態を、実務担当者同士の話しあいも充分に行われていないまま、一方的に相手の非を唱えて発表を行うのは拙速ではなかったのか。少なくとも日本と韓国は東アジアで軍事的な目標を共有する友好国の関係にあるはずだったから、なおさらその行動がいぶかしく思われる。

さらに防衛省からYouTubeで「証拠映像」が公開されたのは12月28日だったが、この措置についても複数の新聞が疑問を提起していた。

防衛省は当初、映像公開について「韓国がさらに反発するだけだ」（幹部）との見方が強く、岩屋毅防衛相も否定的だった。複数の政府関係者によると、方針転換は27日、首相の「鶴の一声」で急きょ決まった。

韓国政府は11月、日韓合意に基づく元慰安婦支援財団の解散を決定。元徴用工訴訟をめぐり日本企業への賠償判決も相次ぎ、首相は「韓国に対し相当頭にきていた」（自民党関係者）という。（「渋る防衛省、安倍首相が押し切る＝日韓対立泥沼化も―映像公開」時事通信、２０１８年12月28日）

韓国でも朝鮮日報はこうした報道を伝えて、日本政府が意図的に問題を深刻化させたのではないかと疑問を投じた。

東京新聞は慰安婦財団の解散や強制徴用判決などで安倍総理が怒りをつのらせていたという自民党関係者の発言を伝え、そこにレーダー問題が発生したため安倍総理の不満が爆発したと伝えた。また毎日新聞は安倍内閣が、この映像を公開しない場合、国内の世論が悪化するかもしれないという点も考慮したものという分析を提起した。国内世論対策の一環だというわけだ。（朝鮮日報、２０１８年12月31日）

だが日本国内では事件を政治問題化させようとする政府の意向に沿うように、いくつかの言論が韓国側の挑発的な行動だと断定して「断固たる制裁」などと煽り立てた。

韓国が、ついに一線を越えた。韓国海軍の艦艇が20日、石川県・能登半島沖で、海上自衛隊のP1哨戒機に火器管制用レーダーを照射したのだ。「照射＝攻撃を前提とした行為」であり、米軍なら「敵国認定」して即反撃する、狂気の沙汰といえる。日本政府は、韓国最高裁のいわゆる「元徴用工」をめぐる異常判決を受けて、近く「対抗措置」に踏み切る構えだが、この暴挙でも断固たる制裁などを科すべきだ。（夕刊フジ、2018年12月22日）

火器管制レーダーは艦砲の照準やミサイルの誘導に使用されるものである。従ってこのレーダー照射は、いわば引き金に指をかけたまま、人のこめかみに銃を突きつけるようなものであり、非常に危険な行為である。国際的にも「急迫不正の侵害」と認定される行為であり、個人なら正当防衛で、軍隊なら自衛権行使で反撃しても免責される。（織田邦男「レーダー照射事件曖昧な決着は戦争の火種を作る」日本戦略フォーラム研究所、月刊Hanada、2019年3月号）

ちなみに「米軍なら敵国認定して即反撃する」という部分についてはBusiness Journalで軍事ジャーナリスト 田岡俊次が「（2013年の中国軍艦によるレーダー照射事件の時に）当時、沖縄県民に対する浅慮な罵言で解雇された粗忽な元米国外交官が『米軍は火器管制レーダーの照射を受ければただちに反撃する』と述べたことが、日本の保守派政治家やメディアに影響し『大変な事件』と思われるようになった。もし火器管制レーダー照射に米軍がただちに反撃していたなら、とっくに米国とソ連の艦隊の海戦が起き、核戦争に発展していただろう」と述べている（２０１９年１月８日）。

また「タカ派」として知られる元航空幕僚長の田母神俊雄でさえ、すでに２０１８年12月21日のツイッターで「韓国艦艇が海自対潜哨戒機に火器管制レーダーを照射したことで日本政府が危険だということで韓国に抗議したという。全く危険ではない」と政府の興奮したような態度を鎮静化させようとするメッセージを発したりした

韓国海軍駆逐艦による海上自衛隊哨戒機への火器管制レーダー照射問題は、双方の主張が完全に食いちがったまま、証拠映像の公開合戦などの泥仕合の様相を見せたあげく、防衛省が１月21日、「最終見解」を発表して韓国との協議をうち切った。「首相の鶴の一声」によって問題が深刻化したことを最初に伝えた「時事通信」は、この日改めて問題処理への疑問を提起した。

昨年12月20日に照射問題が発生した当時、自衛隊内では「韓国海軍が謝罪するよう、制服組同士で協議する時間をもう少し作るべきでは」との声もあった。しかし、首相官邸の強い意向を踏まえ照射翌日に公表され、海自関係者は「この時点で自衛隊の手を離れ、完全に政治問題

になった」と話す。2013年の中国艦船による護衛艦への火器管制レーダーの照射では、発生から6日後に公表されただけに、今回は対応の違いが際立つ。（時事ドットコム、2019年1月21日）

日韓間の軍事的摩擦はすでに「国際観艦式」で旭日旗をめぐる対立があった。さらにこのレーダー照射事件を経て、2019年8月の「日韓軍事情報保護協定（Gsonia）」の破棄通告という事態にまでつながっていった（破棄通告は韓国側の政治判断によりいったん回避された）。日韓対立の拡大は政治家の特定の意図と、言論の節制を知らない暴走ともいうべき歪曲報道によって、コントロールができなくなるほど、そのすそ野を広げていくばかりだった。

韓国の国会議長は天皇や首相を「盗っ人」と呼んだのか――2019年2月

各地で梅の開花が伝えられるなど、人びとが春のさきがけに心躍らせていた頃、韓国国会議長の「盗っ人発言」がニュースやワイドショーで大きくとり上げられ、日韓のあいだに春の訪れがいまだ遠いことを実感させるとともに、「韓国人は無礼」という誤ったイメージを拡散するのに一役買うことになった。

韓国の文喜相《ムンヒサン》国会議長は、天皇陛下による謝罪で慰安婦問題が解決するとした自身の発言について、日本側が求めている撤回や謝罪には応じない考えを示した上で「謝罪すべき側がせず、私に謝罪を求めているのは盗っ人たけだけしい」と反発した。(日本経済新聞、2019年2月18日)

この内容は1か月後の報道でさらに歪曲されて伝えられていった。

文国会議長は、先に慰安婦問題について「天皇陛下が謝罪すれば解消される」などと発言。この発言に日本政府が謝罪と撤回を求めたことに対し、「謝罪すべき側がせず、私に謝罪を求めているのは盗っ人たけだけしい」「（謝罪すべきは）現職の首相が1番目で、2番目が天皇になる」と反発したのだ。いわば首相や天皇陛下を「盗っ人」呼ばわりしたも同然である。日本政府には同議長の非礼な発言を忘れず、何度でも謝罪と撤回を求めていただきたいと願う。（「天皇陛下を『盗っ人』と呼ぶ韓国の卑劣さ」プレジデントオンライン、2019年3月22日）

このときの文議長の発言の真意については、数日後のハンギョレ新聞とのインタビューで次のように説明がなされたと朝日新聞が伝えた。

発言の趣旨は「戦争犯罪や人倫に関する罪は時効がない。ドイツが敗戦国でも欧州の長なのは、全ての問題に謝罪し、現在も続けているからだ。心のこもった謝罪が最も重要だ。安倍晋三首相や安倍首相に準じた日本を象徴する国王（天皇）が慰安婦のおばあさんを訪ねて、申し訳なかったと一言言えば、根本的な問題が解決する」という話だった。（朝日新聞、2019年3月27日）

つまり日本の起こした戦争によって被害を受けた人びとに対する謝罪がドイツと比較すれば不充分、不徹底で、日本を代表する存在である首相や天皇が直接、存命の慰安婦の人の元を訪れて謝罪することを要求したのに、謝罪する側（日本）が謝罪を受ける側（韓国）に謝罪しろということは立場の逆転だと批判しているに過ぎない。さらに「自分（＝文議長）の発言を撤回し謝罪することを求めている」として批判したのは、安倍首相や天皇自身ではなく「外交ルートを通じて韓国側に強く抗議し、謝罪と撤回を求めた」（同上）菅義偉官房長官らに向けられたものだった。それを「プレジデント」の記事では「**天皇を盗っ人と呼ぶ韓国**」などと刺激的なタイトルをつけて、日本人の感情に嫌韓意識を植えつける狙いを隠そうとしなかった。

それは一方で新天皇即位に関連した改元や2019年10月22日の新天皇即位式典、11月9日の国民祭典、翌日の祝賀パレードなどの大がかりなイベントを通じて、国民の愛国意識を天皇のもとに統合しようとする政府の戦略と呼応して「天皇を非難する韓国＝日本国民の敵」というフレームを作りだす意図があると思われる。

実はここで問題となった「盗っ人たけだけしい」という日本語の翻訳には疑問が投げられていた。もともとは四字熟語の「賊反荷杖《ジョクパン・ハジャン》」＝泥棒が反対に被害者にむちをふるう」で、「自分のことを棚に上げる」「開き直る」くらいのニュアンスで使われるが、訳語としては辞書にも

「盗っ人たけだけしい」と出ていて、日本のマスコミでもそう訳すことが多い。失敗したために活動を中断することを、充電の時期だと考え直し、気持ちを整理しようという意味の韓国語である「転んだついでに休んで行く」を、利益に対する執念の強さを表現する日本語「転んでもただでは起きない」と翻訳するのと同様に、ニュアンスのちがいが双方に誤解を招いた一つの例だといえるだろう。

また、文議長が安倍首相にあらためて「心のこもった謝罪」を求めた点にも注目しておきたい。たしかに「日韓合意」に関する日韓両外相共同記者発表のなかで、安倍首相が内閣総理大臣として「慰安婦として数多の苦痛を経験され、心身にわたり癒しがたい傷を負われた全ての方々に対し、心からおわびと反省の気持ちを表明する」という文言が登場する。その後の朴槿恵大統領との電話会談でも自らこの言葉をくり返したと伝えられていた。しかし「おわび」は単に言葉を発するだけで相手の心に届くというものではない。

先にふれた解散する前の韓国の「和解・癒し財団」が首相に「おわびの手紙」を求めたときに、首相が「毛頭考えていない」と一蹴したことや、その前年「戦後70年」を迎えて発表した談話のなかで「あの戦争には何ら関わりのない、私たちの子や孫、そしてその先の世代の子どもたちに、謝罪を続ける宿命を背負わせてはなりません」と述べていたことなどから、その「謝罪」には「もうこれっきり」という不本意さが透けて見えたのではないだろうか。たとえば２０１６年12月28日に太平洋戦争勃発の幕開けとなった真珠湾に、安倍首相が自ら赴いていった追悼演説と比べれば、その姿勢には大きな開きを感じざるをえない。

真珠湾演説では「（米戦艦に）乗り組んでいた兵士たちが、あの日、爆撃が戦艦アリゾナを２つに切り裂いたとき、紅蓮《ぐれん》の炎の中で死んでいった」と具体的な情況描写を行いながら「戦争の犠牲となった数知れぬ無辜《むこ》の民の魂に、永劫《えいごう》の哀悼の誠をささげます」と美文調で最大限の哀悼を表していた。もっともアメリカに対する首相の忠誠ぶりは、沖縄県民の意思を無視しても米軍の意向を第一にして辺野古基地建設を続けることを見ても別格だということがわかる。自国民より重要視する米国に対する態度と、韓国へのそれを比較すること自体が無意味なのかもしれない。

だが「謝罪」ということに限ってその重みを考えるとき、公文書の処理、統計データの虚偽、自民党議員の逮捕、閣僚の相次ぐ辞任などの不祥事が起きた際に幾度となく発せられた「首相の謝罪」が何と軽々しいものだったかは多くの国民が実感しているだろう。「心のこもった謝罪」はまだなされていないのだ。

制裁・報復・対抗を叫ぶ人びと——2019年1月〜3月

2019年が明けてから、一連の日韓摩擦、特に「徴用工判決」に対する日本政府の方針が明確になってきた。早くも1月6日のNHKのテレビ番組「日曜討論」で安倍首相は日本が対抗措置を準備中であることを明らかにした。

先般の判決は国際法に照らしてありえない。そもそも1965年の日韓請求権協定で完全かつ最終的に解決済みであり、国際法に基づき、きぜんとした対応をとるため、具体的な措置の検討を関係省庁に指示した。(「徴用」資産差し押さえ　首相が対抗措置の検討指示、NHK政治マガジン、1月6日)

政府首脳の意向に沿うように、数日後に自民党内で開かれた外交部会では所属議員たちの強硬な発言が伝えられた。

1月11日、自民党は外交部会と外交調査会の合同会議を開催し、日韓情勢について議論を行ったが、この場では韓国に対し、これまで以上に厳しい声が相次いだ。

韓国は特別だから配慮しなきゃと言って、今までさんざん煮え湯を飲まされてきた。歴史認識の問題についてもリセットボタンを押す時がきた。（出席議員A）

韓国は超えてはいけない一線を大きく超えたと思う。韓国から日本への人的渡航の制限をやっても良いではないか。ビザなし渡航の制限や、就労ビザの制限なども考えるべき。（出席議員B）

根底にあるのは、日本政府に対する韓国側の甘えもあるし、しっかり反省してもらって、謝罪をすることは謝罪してもらえないと、未来志向どころか後戻りできないような関係になってしまう。（城内実環境副大臣）

（FNNプライムニュース、2019年1月11日）

特に出席者のうち、文部科学部会長の赤池誠章の発言は後日現実化された、韓国への輸出規制を求めるものだった。

例えば、半導体製造過程に使用される洗浄剤のフッ化水素などの戦略物資を停止させたり、韓国人の在日期間を短縮したり、韓国への渡航について、いわゆる慰安婦像がある地域への注意喚起情報等を出すべきだ。

これらの意見に対して金杉憲治アジア大洋州局長は「対抗措置は幅広く検討中だ。日本側も〝痛み〟を伴うだけに、理性的に韓国内の状況に応じながら、段階的に対抗することになる」と語って、すでに検討段階に入っていることを明らかにした。さらに3月になると衆議院財務金融委員会で麻生経産相は「関税に限らず、送金の停止、ビザの発給停止とかいろんな報復措置があろうかと思う」と発言した。（日本経済新聞　２０１９年3月12日）。その後3月27日の外交部会と領土に関する特別委員会などの合同会議では「外交を断絶すべきだ」と主張する議員もいたという。（産経新聞、２０１９年3月27日）

「ビザなし渡航の制限」「送金停止」「在韓企業の撤退」などといった露骨な措置は国際世論や日本企業の被る損害などを考慮したときに、簡単に踏み切ることのできない方法だった。また6月28・29日に予定されていたG20「大阪サミット」の議長国としての体面や7月に控える参議院選挙も見すえながら、その内容と時期については慎重な政治的判断が必要だったと思われる。7月2日付の読売新聞は「日本政府の今回の措置は、5月に最終案がほぼ固まった」としていたが、そのカードをいつ切るかについては目立った報道はなかった。6月19日付の日本経済新聞では「与党内でG20までに韓国政府の対応策が示されなければ文大統領と安倍首相の個別会談に応じるべきではない」という強硬論がある一方で「日本の与党内では韓国への経済制裁を検討すべきだとの声がある」とまだ政府の方針として経済制裁を決定した段階ではないような報道が行われていた。

だが、7月1日、経済産業省は、①特定品目の包括許可から個別許可への切替、②大韓民国向けの輸出許可申請窓口を経済産業局及び通商事務所から安全保障審査課に変更することを骨子とする「**輸出貿易管理令の運用について**」等の**一部を改正する通達**を発した。これによって韓国に輸出する品目の内、半導体製造過程で重要な役割を担う部品3品目がその都度輸出管理審査を受けなくてはならなくなり、韓国での半導体製造に大きな支障をもたらす恐れが出て来た。3品目の輸出制限という「最小の攻撃で最大の成果を挙げる」措置が発表されたのは、G20大阪サミットが閉会した翌々日のことだった。6月29日の閉会メッセージで安倍首相は次のように「自由貿易の重要性」を高らかにうたいあげたことが単なる政治パフォーマンスに過ぎなかったことを自ら告白する措置の決定だった。

……我々G20には、世界経済をリードする国々として、世界的な課題について率直に話し合い、そして解決策を見いだす責任があります。世界経済の先行き、持続可能性について様々な懸念が指摘される時代にあって、その責任はますます大きなものとなっています。大阪宣言に基づき、意見の違いではなく、共通点や一致点を粘り強く見いだすこと、自由で開かれた包摂的かつ持続可能な未来社会の実現に向けた協力を継続していきたいと思います。（G20大阪サミット閉会セッション、安倍総理スピーチ、首相官邸ホームページ）

首相の言葉の「軽さ」は今に始まったことではないが、わずか2日後の輸出規制措置の発表には当初、読売、産経新聞を除く各紙も懸念を表明していた。

徴用工問題の一義的な責任は韓国側にあり、是正を求めるのは当然だ。とはいえ、通商政策を持ち出すのは企業への影響など副作用が大きく、長い目で見て不利益が多いと懸念せざるをえない。（「元徴用工巡る対抗措置の応酬を自制せよ」日本経済新聞、2019年7月1日）

外交問題とは全く関係のない貿易手続きを持ち出して、政治の道具にする。日本が重視してきた自由貿易の原則をゆがめるものだ。（「韓国への輸出規制　通商国家の利益を損ねる」毎日新聞、2019年7月4日）

抗議を重ねても馬耳東風を決め込む韓国に対し、法に基づく措置で対処するのは当然だ。国家の意思を毅然と示す意味は大きい。（「対韓輸出の厳格化　不当許さぬ国家の意思だ」産経新聞、

2019年7月2日）

ちなみにこの経済措置に対し言論各社はそれぞれの韓国に対する視点のちがいによって、「制裁」「報復」「対抗」という表現を使いわけている。「制裁」とは国際社会で非人道的だったり、平和への脅威となるある国家の行為に対して罰を加えるという意味で、「北朝鮮に対する経済制裁」という言葉はよく目にする。かつて日本軍国主義が中国に対して「応懲（暴支應懲）」という言葉で侵略戦争を正当化しようとした時の表現と類似しているが、制裁を加える自国が正義を体現した審判者として相手国に優越していることを前提としている。また「報復」とは相手から不当に加えられた攻撃によって被害が発生した場合に、同様の被害を与えるべく復讐することを意味しており、相互の関係は敵対的なものに限られる。「9・11テロに対する米国の報復攻撃」などが思い浮かぶ。「対抗」はこれらに比べれば穏やかな表現で、スポーツ競技などでも「国別対抗」といういい方もなされる。

一応日本政府は公式的には「対抗措置」といういい方をしているが、麻生経産相は「報復措置」という言葉をためらうことなく使っている（3月12日衆院金融財務委員会）。東洋経済オンラインは「日本の経済的制裁措置」、夕刊フジは「日本の『100制裁案』」など「制裁」、産経新聞、デイリー新潮、文春オンラインは「報復」、朝日新聞、読売新聞、毎日新聞、日本経済新聞は「対抗措置」という表現を使用している。一見ささいな言葉遣いの問題のようだが、どんな表現をするかによって読者の受ける印象と、そこからもつようになる韓国への見方に少なからぬ影響があるのではないだろうか。

選挙戦略とパブリックコメント――2019年7月

だが、「対抗措置」はこれにとどまらなかった。参院選の公示を前にした7月1日から24日までを募集期間として、韓国を輸出手続き簡略化の優遇を受けられる「ホワイト国（後に「グループA」に名称変更）」から除外することの是非を問うパブリックコメントを募ることが明らかになった。それは日本から韓国への輸出規制措置の拡大を予告するものだったが、これによって政府の「対抗措置」実施の時期については、その意図するところが鮮明になったといえるだろう。狙いはまさに「参院選対策」にあった。

２０１９年は4月の統一地方選挙と7月の参院選を控えて、各政党の活動の焦点も選挙対策に向けられた。特に安倍政権にとっては、この選挙の結果が改憲発議に必要な3分の2以上の議席を確保できるか、与党の圧勝で自身の政権基盤を固められるかという重要な分水嶺になるととらえていた。2月10日に開かれた第86回自由民主党大会で安倍首相は「厳しい戦いになるがまなじりを決して戦い抜いていく」と力をこめたのも選挙結果に楽観はできないという心情を表したものだっただろう。だがこの人の話にどこか「軽さ」がつきまとうのは、たとえば挨拶のなかで12年前の参院選に触れながら「わが党の敗北で政治は安定を失い、悪夢のような民主党政権が誕生した」というフレーズを織りこんだことにもうかがえる。その後、5月の麻生派パーティーや6月の谷垣派パーティー、選挙戦の応援演説などで何度も同じ表現をくり返したのは、自身の強みをアピールするより、敵とみなす相手を貶め、相対的に自分のほうがましだという印象を与えるための話法に効果があると思っていたのかもしれない。

4月13日、東京・新宿御苑で開催された恒例の総理主催による「桜を見る会」は1万人を優に超える招待客が集まるなかで盛大に行われたが、後に参議院予算委員会で田村智子議員（日本共産党）の質問を通じて追及されたように「国民の税金を流用した一大選挙運動」ともいうべきものだった。招待客のなかには著名人、芸能人なども含まれていたが、主催者である安倍首相や閣僚たちが地元後援会の会員を大挙して呼んでいたことが暴露された。首相は招待客へのあいさつのなかで「今回の桜を見る会、64回目ですが、ということでございますが、山口さん（公明党代表―引用者註）や皆さんと共に政権を奪還してから、7回目の桜を見る会となりました」（首相あいさつより、首相官邸ホームページ、4月13日）と、その場にいた人たちが皆、2009年、民主党から自民党が政権を奪還するのに志を同じくした同志であるかのように呼びかけたことからも、「桜を見る会」が支持者の結束を固めるための団結式の役割を果たしたことがわかる。
さらに4月30日（退位式）、5月1日（即位式）の皇室関連儀式を内閣総理大臣として主導し、6月のG20大阪サミットでは世界20か国の首脳のなかで議長としての華々しい活躍ぶりをアピールするなど、首相の選挙を念頭に置いたイメージアップ戦略は絶え間なく続けられた。
このような流れのなかで見たとき、韓国に対する強力な「対抗措置」の断行もまた、強いリーダー像を国民に印象づける手段として利用されたという見方ができる。そしてその際、パブリックコメントという制度が活用されたことは見逃せない。
同制度は行政手続法の第6章に規定されている意見公募制度で2006年に施行され、行政命令等の実施に先立って行わなくてはならない義務として規定されている。「公的な機関が規則などを定める前に、その影響が及ぶ対象者などの意見を事前に聴取し、その結果を反映させることによって、よりよい行政を目指す」のが趣旨となっているが、一般的に広く知られているとはいえない。
これまで対象となった事例をあげてみると、
有機農産物の日本農林規格等の一部改正案について　11月8日　農林水産省
「組換えDNA技術を用いて生産されたものが、原材料等において使用できないことに加え、ゲノム編集技術を用いて生産されたものについても、原材料等において使用できないことを明確にする改正を行う」
賛成　527　反対　10　その他　485
障害者の雇用の促進等に関する法律施行令の一部を改正する政令案　9月5日　厚生労働省
「『在外公館（政府代表部を除く）に勤務する外務公務員』を追加することとする」
賛成　2　反対　3　その他　5

などのように生活に身近な問題であっても応募件数は数件から数百件で、賛成と反対の比率は案件によるがそれほど極端に開くことは少ないため、逆に実施する側は反対意見にも充分に耳を傾けたうえで実施の是非を決定することが求められているといえるだろう。

だが、韓国を輸出管理上の優遇国から除外することを内容とする「輸出貿易管理令の一部を改正する政令」、いわゆる「ホワイト国除外」の是非を問う本案件は最終的に4万666件の応募があり、95％が賛成、1％が反対するという極端な結果となった。

なぜこんなことが起きたのか。たとえば経産省が「大韓民国向け輸出管理の運用見直し」というツイートを上げると、すぐ後に「小野田紀美（自民党）いわゆるホワイト国から大韓民国を削除するための政令改正についてパブコメも行っています。経産省ツイートのリンク先からご意見をお寄せください」と呼びかけ、「日本を守り隊（?）」というところで「一人でも多くの日本国民は賛成の意思表示をお願いします。日本国内には『日本人に成りすました韓国人』が何十万人といます……あなたの1票が日本を守るのです」とツイートするとこれに対するリツイートが1389人も行われる。さらに「植村よしふみ（自民党）急ぎ！　パブコメ意見提出を！　賛成の意見を提出しましょう」など、次々と呼応するツイッターで「反対の組織票が予想されます。皆様ぜひご意見をお寄せ下さい」「日本がこれ以上貶められないためにも、一言でいいので皆さんもパブリックコメントをお願いします」と連鎖が続いていくのを見れば、4万件以上の拡散も驚くには当たらないのかもしれない。（「韓国への優遇措置適用除外のたくさんのパブコメは何処から来たの?」togetter、2019年7月12日）

だが、問題は「賛成」95%、「反対」1%というコメントの中身にある。この数字に対して「日本国民のほとんど全部が賛成している」という歪曲評価もあったが、この極端な票差はまるで全体主義国家の議決の様相を思わせてぞっとする。実は韓国にも「大統領府　国民請願」という制度があって各分野の内容を官庁が募集するのではなく国民が自発的に上げて、1か月で同意する署名が20万名を超えた場合は、大統領府がその請願に対して回答をすることになっている。もちろんそれによって政策が決定されたり、法令が制定されることはないが、国民の声を直接聞くことで政治に国民の意思を反映させるように努力させるという効果はあるようだ。2019年4月に韓国の第一野党である「自由韓国党」が国会での活動を放棄して、政府に反対するときにはすぐに広場に出て集会を開いたりしながら国民の一部を扇動しているという現状を非難しながら、「自由韓国党の解散」を要求する請願が行われたことがあった。わずか1か月の間に183万以上の賛成が集まるという驚くべき事態が起きたが、「自由韓国党」を支持する人たちが少し遅れて、与党の「共に民主党」の解散を求める請願を上げてこれに対抗した。これも33万以上の賛成を集めたが、これらの数字に見られる国民の政治参与意識は日本と大きくちがうことがわかる。

4万というパブコメに「殺到した」人たちは、「韓国に対する対抗措置」を発動した政府の果敢な実行力によって、これまで「さんざん煮え湯を飲まされた」韓国に一発くらわせたと留飲を下げたかもしれない。そして「日本人の多数が政府の決定を支持している」ことを知った他の人たちも、「やはり政府の決定は正しく、韓国の行動は誤っている」と思うようになったとしたらパブコメがその一助になったといえるだろう。かといって、それがそのまま選挙で政府与党への支持拡大につながったかは不明だが、少なくとも現状勢力を大きく割りこむような結果にはならなかった。

7月21日に開票された参院選の結果は、改憲発議に必要な164議席の獲得にはおよばなかったが、公明党を合わせた改選議席の過半数は確保し、安定した国会運営を続けることは可能になった。だが、今回選挙の投票率は48・8％にとどまり、1995年の44・5％に次ぐ史上2番目の低投票率を記録したことは深刻な事態だといわざるをえない。95年に比べ、期日前投票が可能になり、投票時間も午後6時から8時にまで延長され、投票年齢が下げられたにも関わらず、投票所に有権者の足が向かなかったのはひとえに与野党を問わず、政治家たちにその責任がある。党利党略のために嫌韓感情すら利用しようとする政治家の卑劣な思惑は、日韓問題の解決をますます遠ざからせる結果しか生みだすことはない。

独立運動はできなくても不買運動はできる――2019年7月～

「徴用工」「慰安婦」問題などに対する韓国政府の対応を念頭に置いた、日本政府の貿易規制措置に対して、韓国からは強い非難の声が上がった。日頃、文政権に批判的な立場を鮮明にしている朝鮮日報でさえ、ホワイト国除外などの経済措置が伝えられると「G20サミットで自由貿易を擁護する宣言を高らかにうたったにもかかわらず、その精神と180度異なる措置を取った」として、日経を始めとする日本国内での批判世論を紹介する記事をのせた。韓国政府は7月31日、「日本輸出規制対策 民官政協議会」を発足させた。構成は与野党の事務局長の他、企画財政部（日本の財務省）長官、外交部長官、産業通商資源部（日本の経産省）長官、青瓦台（大統領府）政策室長、財界からは、大韓商工会議所会長、韓国貿易協会会長、韓国経営者総協会会長、韓国中小企業中央会会長、韓国労働組合総連合委員長など、文字通り「民官政」の広範な分野から代表者が集結し挙国一致でこの危機に対処する方針を明らかにした。

だが、ここで注目すべきことは自発的に市民の声が大きな世論を作りだしていった事実だ。

いわゆる「日本製品不買運動」がNO, NO JAPAN＝「買わない、行かない」をスローガンにして瞬く間に韓国社会に拡散していった。

7月初め、日本の経済産業省が、半導体に必要な化学製品の対韓輸出管理強化を発表して間もなく、インターネット上に「不買運動に参加しよう」とのタイトルで対象企業リストが掲載された。これが不買運動の始まりとみられる。

スーパー協会、全国中小流通業界など27団体で構成する「韓国中小商人自営業者総連合会」が5日、運動への参加を表明し、店頭から日本製品を撤去する動きが広がった。

7月30日付読売新聞はこのように不買運動の広がりを伝えながら、日本製ビールが48％減少（前月比）、日本への旅行予約55％減少（7月8日時点で7日以前と比較）などの具体的な数字を挙げて不買運動の効果を伝えていたが、当初日本の言論はこの運動に冷ややかな視線を浴びせていた。その代表的なものは「どうせ長続きしない」と「実際の効果は微々たるものだ」という主張だった。

韓国では、2005年に日本が竹島の日を制定した際などにも、日本製品の不買運動が繰り返されてきた。ただ、韓国が日本から輸入するもののうち、ビールのような消費財の割合は6％程度。主力は輸出品を生産するための中間財や資本財などで、今回の不買運動も日本政府を動かすほどの力にはならないと見られている。（ＦＮＮプライム、２０１９年７月６日）

韓国では日本製品不買運動が幾度となく行われてきた。１９６５年の日韓会談を皮切りに独島（日本名：竹島）問題、歴史教科書問題、慰安婦問題、日本の政治家の失言騒動などが起こる度に、性懲りもなく日本製品不買運動が繰り返されている。ポイントは、この運動が「繰り返し」行われているという点だ。これは視点を変えてみれば「効果が無かった」、あるいは「続かなかった」ということを意味している。毎年禁煙宣言を、あるいはダイエット宣言を繰り返す行為とまるで同じである。……結果から見れば、反日集会や日本製品不買運動により両国関係をより深い「泥沼」状態であるかのように見せることに成功し、日本の世論に「疲労感」を与える程度の効果はあった。（崔碩栄「韓国の不買運動、日本で報じられない裏側のカラクリ」JBPress、２０１９年７月10日）

特に後者のように韓国の内部からの批判者の「告発」をとり上げることが、この時期以降、日本で目立ってくる。筆者の崔碩栄は２０１０年に韓国で出版された『キムチ愛国主義――言論の理由なき反日』以来、熱心に韓国での「反日行動」の実態を「暴露」する著作を出し続けている。また最近注目された『反日種族主義』(李栄薫ほか)という本のとり上げ方を見ても、内部告発的な主張のほうが、より説得力があると見られているようだ。いい換えれば、これまでのような嫌韓論者の毒々しい言葉の羅列が飽きられ、あまり望むような効果を発揮できなくなってきたからだともいえるだろう。強い刺激に快感を感じた者が、次第に感覚がマヒして、さらなる刺激を求めて欲望をエスカレートさせる状況にも似ている。

そして紋切り型の「左翼活動家説」も相変わらず盛んだった。

日本製品不買運動を繰り広げているのは、実際には筋金入りの左翼活動家であり、政権とも間違いなくつながっている団体なのです。つまりあれは中国と同じ『官製デモ』ですよ。

(excite ニュース、2019年7月12日)

「政権とつながっている」ことと「政権を支持する」ことは明らかにちがっている。文在寅大統領は2017年5月に国民の直接投票によって41・1%の得票で当選し、これまで多くの困難に直面しながらも49%の支持(韓国ギャロップ調査、2020年3月21日)を得ている。つまり、「不買運動」に参加する人たちのなかに現政権の支持者がいることは充分にありうるだろう。それを裏打ちするように、7月11日にあるインターネット・コミュニティサイトに上げられた投稿では「白兵戦は私たちが引き受けるから、政府は正攻法で進めばいい」という呼びかけがあった。「白兵戦」は意訳だが、原文では「犬の喧嘩」となっている。つまり実際に傷ついたり倒れたりしながら血を流すレベルの闘いは自分たち国民に任せて、政府は政府にしかできない方法で日本に立ち向かえと檄を飛ばしているわけだ。

この人は続いて「今度の不買運動は政府や、団体が主導したものではなく、日本の措置に腹を立てて国民一人一人が自発的に立ち上がって起きた運動だ。政府が不買運動を扇動したこともないし、与党が運動を示唆したこともない」と主張した。さらに15日頃からある主婦のネットサークルで呼びかけた言葉として「私たちは昔の独立運動の闘士たちみたいに、独立運動はできないけど、不買運動ならできる。みんなに呼びかけて、できることから始めましょう！」と書いた。これらは一時、流行語のように人口に膾炙して、草の根に運動が広がる手助けとなった。2019年は植民地支配に対する独立抵抗運動だった3・1運動から数えて百年目にあたる年でもあるため、「独立運動」という言葉が話題になり、多くの人の目に触れた言葉でもあった。

だが、すぐに収まると高をくくっていた「不買運動」は8月に「ホワイト国除外」措置が実施された後、9月、10月になっても収まる気配はなかった。

韓国で日本製品の不買や日本旅行のボイコットが、「長続きしない」という当初の一部予測を覆していまだ衰えない。日本政府の輸出管理厳格化に反発して始まったはずが、日本が措置を撤回しても続けるとの声も多い。（「韓国で反日は『ちょっといいこと』不買運動が続く本当の理由」産経ＢＩＺ、10月18日）

さらに日本旅行が回避されることで旅行業界はもちろん、航空会社や地方振興をめざす自治体などにとっても現実的な影響が現れていったが、こうした事態を招いた責任者である日本政府は被害の実態を直視することも、具体的な救済策を講じることもなかった。特にこれまで韓国人観光客の訪問で潤っていた大分県の別府温泉や湯布院温泉、あるいは歴史的に韓国とのつながりも深い長崎県の対馬などは、飲食店、宿泊業への打撃が深刻なレベルに達するようになった。11月4日の朝日新聞は「日韓関係悪化、観光地には死活問題、週末の夜もひっそり」という記事で、「韓国の旅行会社と貸切契約を結んで、ほぼ毎日40人ほどの宿泊客を受け入れて営業してきた旅館が、8月以降は宿泊客ゼロが続いたため従業員を解雇した」という対馬の旅館業者の話や、大分空港に乗り入れる定期便がすべて運休になったために、大分県全体の宿泊客が83・9％も減ったという悲痛なレポートを紹介した。

だがそれでも、こうした事態を招いたのは韓国側に責任があるといい張るのが日本の言論だった。

韓国ではこれまでも、日本との歴史問題で同様の不買運動が起きたが、長続きしなかった。今回のような盛り上がりは異例だ。「反日」を愛国心の証しとするような空気が生まれ、同調圧力が働いているのだろう。……文在寅大統領の責任は、極めて重い。日本の輸出管理厳格化について、徴用工問題を巡る「経済報復」であるとし、「日本政府が過去の過ちを認めず、歴史を歪曲している」と強調した。「日本は韓国の経済成長を妨げようとしている」などと、対立を煽る主張も繰り返している。（「韓国人客の減少　反日感情の広がりを懸念する」読売新聞、２０１９年9月22日）

日本政府の行動についてはまったく棚に上げたまま、「文大統領の責任は極めて重い」といい切っているのは、政府の立場を代弁していてある意味非常にわかりやすい。だが一見中立を装いながら、肝心なところで韓国政府や市民運動などのイメージを歪曲して伝えようとする、巧妙な悪意が垣間見える報道もあった。

朝日新聞デジタル　10月13日付の記事を見てみよう。

まずタイトルが「**なぜ韓国は『反日』に染まったのか　特派員が見たもの**」となっていて「反日に染まる」という表現によって、韓国の人たちの多くが、何者かによって洗脳でもされたかのような、あるいは日本を非難する熱病にでも集団感染してしまったかのような受動的な姿として印象づけようとしている。このように日本の何かに対して批判的であれば、ことごとく「反日」の一言でくくって断罪しようとする嫌韓派の語法を無批判に援用することにためらいはないのだろうか。

「日本と韓国の外交関係はいま、『国交正常化後で最悪』と言われています。韓国では、日本政府に対する抗議デモだけでなく、日本製品を対象にした不買運動や民間交流の中止まで起きています。政府同士の対立が、なぜ人々の感情まで動かしているのか。ソウル支局の武田肇記者に聞きました」という書きだしで始まる記事は分量が多いため、ポイントとなる部分を引用しながら批判的に紹介したい。

文章は朝日新聞のソウル特派員に、国際報道部の記者がインタビューするという形式で話が進む。特派員は8月12日に与党の「日本経済侵略対策特別委員会」が日本のメディアを招いて懇談会を開催したときの質問と答えを紹介する。そのなかでソウル市や釜山市など5つの自治体の議会が、日本の特定企業を「戦犯企業」と定めてその製品を買わないようにする条例を可決したことを「不適切ではないか」と質問したという。条例の制定には「**地方議員にとって**

『業績』になるんでしょう。韓国では来年4月には総選挙が予定され、世論のアピールをめざして日本外しを競い合っているような状況」が作用したものだと「裏の意図」を解説につけ加えた。

また、「最近日本のネットメディアが、（韓国の）現職の外交官が文大統領の外交政策を批判したという記事を載せ、組織内で犯人探しが行われている」ために、韓国政府の関係者に取材するのはむずかしいといって、何気なく政府内には相互批判を許さない恐怖政治がしかれているようなニュアンスを匂わせている。さらに不買運動と関連して「『NO JAPAN』というポスターもあったんですが、日本政府と国民は分けるべきだと議論になりました。それで『NO 安倍』となったんですが、日本の安倍政権の支持者から見たら、結局同じことだと思われても仕方ありません」と述べた。だが不買運動の基調が日本全体を批判しているのではなくて、安倍政権の不当な措置に対して怒りを表明しているのだという態度を示すことは、日韓友好、重要なパートナーシップは誰と誰が結ぶのかという前提を確認することを意味している。「安倍政権の支持者から見たら、結局同じこと」などというのは日本人の多くが安倍政権の支持者だということなのか、あるいはこの人が支持者であるためにわざわざつけ加えたのか、その意図が不明だ。

不買運動の内容にふれた部分では、「日本製品の不買を徹底するなら、サムソンのスマホにも日本製の部品が入っているのですが、そういう議論にはなっていません」と「不買運動」がご都合主義の運動でしかなく、結局は日本製品を使わずにはいられないのだから、生意気なことをいうな、というような口ぶりでなじる。だが現実にできることから始めるのが、誰でも参加できる幅広い運動を形成するコツであって、「不買を徹底するならサムソンのスマホも買うな」などという机上の空論のようないい方で不徹底さを批判するのは「不適切」だといわなければならない。

また慰安婦財団の解散問題と関連しては、解散を強く主張していた元「慰安婦」の金福童《キムボクトン》（2019年1月逝去）さんを偲ぶドキュメンタリー映画が上映されていたが、明洞のロッテシネマで見ていた観客は自分一人しかいなかったと、多くの国民が「慰安婦問題」に関心がなく、支援団体が勝手に運動を作っているだけだといいたそうな話も出てくる。だが、「不買運動」の拡散について、その背景に「反日教育」があるといわんばかりの主張には、首をかしげざるをえない。「**韓国では、普段は燃え上がらないだけで、国を守る、日本は信用できないという小さな種を、多くの人が持っているのだと感じました。背景に、日本の植民地支配に抵抗した歴史を建国の原点にしている歴史教育があるのは間違いないでしょう**」という。それは韓国人なら誰もが植民地支配への抵抗＝反日を国家の原点とする教育を受けてきたため、いつ反日感情や日本への不信が爆発するかわからないと、警戒心を煽ることでしかない。

インタビューの最後では内閣官房の関係者の言葉として、「**嫌韓がはやっているが、日本に**

とって韓国は死活的に重要な国だ」「**総理も同じ考えだ**」と安倍政権は決して韓国に敵対しようとしているのではなく、むしろ韓国側が問題を作りだしているのだと、政府の立場を擁護しようとしている本音が伝わってくる。

「不買運動」のなかで起きた象徴的な事件があった。韓国で180以上の店舗を出しているユニクロの岡崎最高財務責任者が、7月11日に東京で開かれた決算説明会で、不買運動の影響について自身の考えを述べた。そのなかで、運動によってある程度の売上減はあったが深刻なダメージはなく不買運動は「**長期的に売上に影響を与えるほど長くは続かないと思っています**」という発言があった。これが韓国の運動を貶めるものだと受けとられて、ユニクロへの抗議行動がさらに拡散していく様相を見せた。その結果、会社側は慌ててホームページを通じ謝罪文を発表したが、事態はこれで終わらなかった。

10月になって、ユニクロは「フリース」発売25周年の記念CMを放映したが、そこに登場する外国人の13歳のファッションデザイナーの女の子が、98歳になるおしゃれな老婆に「私くらいの歳のころ、どんなものを着ていたのか覚えている？」という質問をするものだった。老婆は「そんな昔のこと覚えてないよ」と答えたが、そのとき韓国バージョンでは、「**そんな、80年も前のこと覚えてるわけないよ**」という字幕が流れた。これに反応したのはインターネットユーザーの一人だったが、その投稿はたちまち多くの人びとに共有され拡散されて、再びユニクロへの反発がまき起こっただけでなく、「不買運動」全体が活気づくきっかけになった。

何が問題になったのか。「80年前」とは1939年。この年、「国民徴用令」という勅令が発せられて、軍需産業への労働者の動員が始まった。日中戦争の戦線が拡大し、東南アジアにまで触手を伸ばそうとした時期で、戦地への「従軍慰安婦」の動員も本格的に行われはじめた時代だった。それを「覚えてないよ」ということは日本の戦争犯罪の記憶、特に登場人物が老婆だったということから、「慰安婦」の記憶を忘却の彼方に追いやり、存命の人たちの証言を嘲弄するものではないかという指摘をしたのだった。

もちろん、ユニクロが意識的にそんな挑発的な行動をするとは思えないが、少なくとも歴史に対して無頓着であり、無知であることが、そんなテロップを流しても何も感じることがなかったのだと思われる。先ほどの特派員も明洞を訪れた若い日本人観光客が政治的な日韓問題など意に介しないで旅行を楽しむ姿に、これからの日韓交流のあり方のヒントがあるというような描写をしていたが、果たしてそれでいいのだろうか。

韓国の人たちは100年の歴史の流れに今の自分たちを位置づけようとする。それは単に反日的な教育の成果などではなくて、少なくともそれくらいの視座をもって未来を見つめなければ、後世に責任をもつ判断や選択をすることができないのではないかと問いかけているように思える。

『軍艦島』『主戦場』から『新聞記者』へ

映画『軍艦島』批判に見られる日本政府の執着

2017年7月に韓国で公開された映画『軍艦島』は大きな話題を呼んで、韓国内では初日だけで観客数97万人を記録して歴代最高となった。だが実際に見た観客の評価は話題性に比べて好ましいものではなく、5日目に600万人に達したものの最終的には660万人で、損益分岐点におよばなかった。同時期に公開された1980年の光州民主化運動を扱った『タクシードライバー』が、8月に1000万を突破したことと対照的だった。

長崎県端島炭鉱に連行された朝鮮人労働者の過酷な労働の実態がどこまで事実に近く再現されたのか、「親日派」の悪行を強調するあまり、日本帝国主義の犯罪を免罪してしまっているのではないか、潜入した抗日活動家の指揮のもとに全員で集団脱出を試みるというストーリーが、興味をひくための低質な娯楽性にこだわっているという批判がまき起こったためだった。

当然のように日本では、この映画に対する非難の声が各マスコミを通じてあふれるように広がった。日本では結局公開されることがなかったにも関わらず、韓国や他国での上映を見たジャーナリスト、映画ファンからのレポートやYouTubeでの予告編などを通じて日本国内でもその存在が知られるようになっていた。

だが、特に注目すべきは、映画に描かれた内容が軍艦島の実態とちがうことを説明するために「真実の歴史を追求する端島島民の会」という団体が作られ、元島民やその遺族などの証言を日本国内のみならず、海外に向けて発信し始めたことだった。

炭鉱では古株の朝鮮人が新米の日本人を指導することもあり、終戦後『端島のほうが給料も良い』と島に戻ってきた朝鮮人もいました。狭い島内で朝鮮人への虐待や殺人が起これば、すぐに耳に入るはずですが、そのようなことは一切ありません。（同会会長・加地英夫）

「島内では家族ぐるみ日本、朝鮮の区別なく仲良く暮らした」「朝鮮人労働者を虐待したのは事実ではない」という主張が何人もの「元島民」の口から語られるYouTubeの映像を（産業遺産国民会議ホームページ参照）見れば、軍艦島のみならず、日本中に散在する強制連行の現場で起きていたという彼らに対する虐待は、すべてでっちあげだという人びとの主張に同意したくなるかもしれない。そしてそれこそが、この映画への批判を借りて「負の歴史」をなかったことにしたい人びとの本当の狙いだろう。

これに先立って2015年7月に「明治日本の産業革命遺産」として、山口、九州を中心にした産業施設23件が世界文化遺産に登録されていたことを想起したい。軍艦島は長崎県内の三菱長崎造船所、高島炭鉱とともに「端島炭鉱」として登録された。このときユネスコ韓国代表は日本に対し、「産業革命遺産」と指定された23か所の内、端島炭鉱を含む7か所で朝鮮人労働者が動員され過酷な労働に従事していた事実を登録遺産の説明に加えることを要求した。ユネスコを舞台にして日韓の紛糾が続いたが、「その意思に反して、厳しい環境で働かされた」結果、「犠牲となった人々を記憶にとどめるために適切な措置を説明戦略に盛り込む」と日本側が表明することによって、ようやく全会一致による登録が実現したという経緯があった。

もともと「産業革命遺産」の文化遺産登録は、これまで文化庁や地元自治体が主役になって登録を推進したのとは異なり、首相官邸が主導したといういわくつきのものだった。それ以前に「長崎の教会群とキリスト教関連遺産」を登録申請するはずだったものを「官邸の意向」によって順序を逆転してまで申請を強行した背景に政権の思惑があったことは容易に想像できる。日本が欧米列強の圧迫に屈することなく、産業立国を成しとげ、アジア最強の地位を築いたという輝かしい歴史を受けつぎたいという安倍政権の立場が露骨に反映された文化遺産であればこそ、映画に描かれたような内容はすべて虚偽として否定しなければならなかった。そしてそれは当時すでに問題となっていた「徴用工への補償問題」に対する布石という意味も大きかっただろう。「犠牲となった人々を記憶にとどめるための適切な措置」とは、「日本の産業を支えた多数の朝鮮半島出身労働者がいた」(2017年にユネスコに提出した文化遺産保全報告書より)という表現によって、日本の犯罪性を覆い隠すための説明をすることに代えられた。

政府が「産業遺産国民会議」という財団法人を使って今もなお「軍艦島の真実」を訴え続けている状況を見れば、この映画が今後も日本で公開される可能性はまったくないと見ていいだろう。だが、映画が作品としてどのような弱点をもっていたとしても、上映そのものを不可能にすることは許されない。この映画は過酷な強制労働を生みだした軍国主義日本や、朝鮮人の内部協力者を批判していても、端島島民を貶めるような視点をもってはいないからだ。残念ながら商業映画であるため、興行成績が上映の可否を決める以上、採算のとれない日本での上映はその意味で無理かもしれないが…。

映画『主戦場』に描かれた歴史修正主義への怒り

2019年4月から公開されたドキュメンタリー映画『主戦場』は日本国内だけでなく、韓国をはじめ、外国でも大きな話題を呼んだ。「慰安婦問題」に関する賛否両論を正面から論じる人びとを次々と映し続ける映像は、2時間という長編でありながら緊張感を切らさず観客を引きこんでいく力があった。

監督が日系米国人であることや、映画監督としてのデビュー作であることなどから、「慰安婦問題」に対する新鮮な切り口に関心が集まったこともあって、ドキュメンタリーとしては異例の3万人を超す観客を集めた（2019年7月現在）。監督は初め、「性奴隷」「20万人説」「強制連行」などの従来の主張に対するファクトチェックを試みるつもりだったが、3年におよぶ取材を続けながら「慰安婦」を「売春婦」と見る人びとの主張が、歴史を歪曲しようとするものであることを知り、それらの主張を断罪する内容となっていったという。

特に登場する人物のなかで、元ナショナリストだったという日砂恵・ケネディという人が、アメリカで行われた「ナチスの戦争犯罪と日本帝国政府の記録」と呼ばれた文書のなかに、「従軍慰安婦」関連の記録が1件もなかったことを、日本で産経新聞に発表させたのが自身であったことを後悔する証言が印象的だった。その報告書に記述がなかったのは、当時のアメリカ人が慰安婦の存在を戦争犯罪の対象と見ていなかったからだった。歴史修正主義者はそれを伏せて（無視して）慰安婦そのものが犯罪的なものではなかったと主張する偽りを暴露する話だった。

ところがこの映画の上映に対して、慰安婦の存在を否定する側の出演者8名のうち、5名が原告となって2019年6月に上映中止の訴訟を提起した。「学術研究のためと偽って取材して商業映画として利用した」「歴史修正主義者などのレッテル貼りをし、原告らの名誉を傷つける編集を故意に行った」などの理由だった。

ここで思い出されるのは、『主戦場』にも登場する、元朝日新聞記者、植村隆に対する慰安婦否定論者、嫌韓右翼、政治家が一体となった執拗な攻撃だ。1991年に元「慰安婦」金学順の証言に関連して書かれた記事に対して、実に30年近くにわたって非難と罵倒が浴びせられてきた。さらに深刻なのは、彼の職場である大学などに爆破予告、脅迫電話などが相次ぎ、家族に対する中傷、脅迫まで行われたことだった。嫌韓論者や言論が非難し、ときに政府がそれに同調していることを背景に右翼と思しき人びとから身辺の危険を感じさせるような脅迫や妨害が加えられるという構造が、日本社会に形成されている現実を私たちは直視しなければならない。

2019年10月27日、川崎市で行われていた「第25回しんゆり映画祭」での『主戦場』上映中止が発表された。同映画祭はボランティアを含む市民がその運営を担い、川崎市が予算の半分近くを負担する市民中心の映画祭として、25年間続いてきた文化イベントだった。中止を決定させるに至った大きな要因は市からの「川崎市の名前が共催に入っている事業で裁判中の作品である『主戦場』を上映するのは厳しい」という懸念がスタッフに伝えられたことだった。運営側としても観客やスタッフの安全を確保できるのかと自問した挙句の決定だったという。

ここで当然のように二重写しになってくるのが「あいちトリエンナーレ・表現の不自由展・その後」の中止決定だ。後に再開されたとはいえ、「慰安婦問題」の象徴的な存在となった「平和の少女像」に対する日本国内の異様な反応がそのまま映画祭への攻撃となって引きつがれたと見るのは無理なことではない。「あいちトリエンナーレ」の場合、開幕初日に200件を超す抗議電話と、500通以上の非難メールが運営スタッフを襲い、「ガソリン携行缶を持っておじゃまする」などの卑劣な脅迫が彼らを震えあがらせた。河村たかし名古屋市長は「日本国民の心を踏みにじる行為」と吠えたて、菅官房長官は「補助金交付の決定にあたっては、事実関係を確認、精査して適切に対応したい」と補助金交付中止をちらつかせて主催者側を大いに委縮させた。

実はこうした事態の伏線は至る所で散見されていた。2018年3月にさいたま市で公民館だよりに「梅雨空に『九条守れ』の女性デモ」という俳句が掲載拒否された事件や、同年11月に京都府南丹市で、子育てをテーマにした講演会で香山リカが講演を担当することに対する脅迫電話があったことから市が講師を一方的に変更した事件など、いずれも行政担当者の過敏な自己保身反応や、政権への気づかい（忖度）がもたらした結果だった。これは日本社会がすでに危険水域に腰のあたりまでつかりはじめている警告のシグナルではなかったのか。「あいちトリエンナーレ」も「しんゆり映画祭」も土壇場の数日間のみ開催を復活させたことは、危機感を感じた市民の強力な支援や激励が力となったことをかろうじて示してくれた。だが、安堵することも緊張感を緩めることもできない状況は続いている。

映画『新聞記者』は政権の正体を満天下にさらせたのか

「モリ・カケ問題」や「辺野古埋め立て問題」などで政府の姿勢を厳しく追及して話題となった東京新聞記者・望月衣塑子の原案に基づく映画『新聞記者』は、2019年の参議院選挙直前の6月末に公開された。一見すれば日韓問題と直接の関係をもたない内容に見えるが、話題性の一つが主演女優の抜擢にあった。韓国のシム・ウンギョンが政府の不正を鋭く追及する主人公の新聞記者である吉岡エリカ、つまり望月衣塑子のイメージを投影した役を演じたことだった。日本人の父と韓国人の母のあいだに生まれ、アメリカで育ったという役柄は、日本政府の中枢がくり広げる真実への隠蔽工作を正面から暴露しようとする果敢な新聞記者としては申し分のない適材だったかもしれない。

国家権力による言論弾圧の実態については、実は韓国の現代史のなかで今よりも尖鋭な形で表れていたことが知られている。数年前に公開された韓国映画『1987　ある闘いの真実』では、新聞社の内部に情報機関の人間が出入りし、その機関からは毎日のように「報道指針」が配布されて記事の扱いを直接に管理していたという信じがたい事例が映しだされていた。

映画『新聞記者』でも内閣調査室の関与や、編集部上層部の自己規制などが描かれて、程度の差はあっても国家権力は言論を管理せずにいられない本性をもつことがわかるだろう。ここでは具体的に取り仕切っているのが「内閣調査室」という情報機関として描かれている。その手法はかつての韓国情報機関のように凄惨な拷問を加えるようなことはないが、主人公の杉原（内閣調査室職員）に対して上司が出産祝いを渡したり、元の部署への配置転換を匂わせることで「アメとムチ」の陰湿な圧力を加える。これまで安倍政権の失態がさらされるたびにいわれてきた「政権への忖度」も様々な場面で真実を暴こうとする者の行く手をふさごうとする。

ただし「医療系大学新設」問題をめぐる真実の攻防というきわめてリアルなテーマでありながら、告発されるべきは「内閣調査室」という印象を与えることで、政権はその背後にある存在になってしまい、直撃するインパクトはかなり弱められてしまったのではないかと思う。現実には「桜を見る会」や「自衛隊の調査派遣」などで改めて浮きぼりになった「首相官邸」という伏魔殿を掘り崩すような直截な表現が実現していたら、作品の力はより鋭い問題提起として観客を揺さぶったのではないだろうか。

この作品で主演のシム・ウンギョンは2019年11月のTAMA CINEMA FORUMでの最優秀新進女優賞に続き、2020年2月、第74回毎日映画コンクールでも女優主演賞を、そして3月6日に行われた第43回日本アカデミー賞で最優秀主演女優賞を受賞することになった。少なくとも両国の映画関係者は、政権の対韓政策とも、作られた嫌韓世論とも距離を置き、日韓が協働することによって生み出される価値を充分に理解していることが証明されたような授賞だった。

むすびにかえて

今なお続く日韓の葛藤は私たちに否応なしに歴史の再認識を求めている。それは必ずしも、むずかしい歴史書をひもといて探求することを要求しているわけではない。ただ隣国の人びとが怒りを言葉にしたとき、広場に集まってこぶしをふり上げたときにそれがどうして発せられたものなのかを注視し、その声に素直に耳を傾けることから始めればいいと思う。

なぜ「慰安婦」だった人びとは日本政府の「謝罪」を受け入れないのか。その行動に茶々を入れる前に、長年の心身の消耗で聞きとることもむずかしくなったそのかすかな声を拾うように聞きとる姿勢が必要になっている。その声よりはるかに強力なスピーカーのボリュームを、さらに最高度に上げて妨害しようとする、嫌韓論者の悪意に満ちたノイズを押しやることも私たちの務めだと思う。そして言論はそれらのかすかな声をていねいに拾い集めて、私たちの耳元に届ける役割を果たすべきだ。

「80年も前のことなんか覚えていない」と開き直ることはできない。いや100年前に起きた3・1独立運動の喊声も時間と空間を超えて今なお鳴り響き続けている。私たちがその喊声を聞きとろうとするのは、それが「その人たちの歴史」であるだけではなく、日本人の歴史でもあるからだ。日本と朝鮮半島のあいだでくり広げられた、さらに中国や東南アジアを含めた広大な地域で紡がれてきた近現代史は、私たちも含め、そこに住むすべての人びとが共有している歴史ではないだろうか。単純に謝罪する者とされる者に分けたり、過去を否定的にとらえ反省しようとすることを「自虐史観」といって嘲笑しようとするのは、現代を生きる私たちの歴史へのかかわり方をひどく狭く一面的なものに歪めてしまうことにほかならない。

歴史に対する日本人の態度と、言論などの与える影響を考えさせるもう一つの事例が、冒頭に触れたコロナウイルス感染をめぐってつい最近表面化したことがある。各マスコミでもとり上げられた「朝鮮幼稚園へのマスク配布除外」事件だ。

これはコロナウイルスの感染拡大を受けて、さいたま市が幼稚園や放課後児童クラブなど1000を超える子ども関連施設に、計約9万3000枚の備蓄用サージカルマスクを配布する計画で、2020年3月9日から各施設に引き渡しを始めた。平均すると1施設当たり1箱（50枚）の配布だったが、後に担当者の説明によれば児童生徒への配布というより、職員や教師の使用を念頭においたものだったという。

ところがさいたま市大宮にある埼玉朝鮮初中級学校・幼稚部（通称「朝鮮幼稚園」）が配布対象

から除外されていたことが判明した。しかも除外措置に対して抗議をした保護者に向かって、市の子ども未来局の担当職員が「市が指導監督している施設を対象にしたもので朝鮮幼稚園は含まれない」と説明した上で「マスクが不適切に使用された場合、指導できない」とつけ加えた。「マスクの不適切な使用」とは転売をするという意味あいで、マスク不足を利用して不当に利益を得ようとする反社会的行為が問題になっていたが、「朝鮮人ならそんなこともやりかねない」という偏見が垣間みえる発言だった。しかもこの発言が瞬く間にSNSを通じてヘイトスピーチとなって暴走していった。だが、住民の生命の安全を守るという地方自治体の当然すぎる義務が人種差別・偏見によって踏みにじられようとした重大な過ちであったことを見逃すことはできない。

埼玉の朝鮮学校は「学校法人埼玉朝鮮学園」のホームページによれば1946年に第一・第二小学校が創設されて以来、埼玉で民族教育の根を下ろしてきた。1972年には幼稚園が開設され、そのときから数えても半世紀近い歳月を経て、多文化共生を体現する地域社会の一員として溶けこんできたはずだった。国籍はちがっていても税金の納付など、住民としての義務を果たしている人びとを「市が指導できない」という理由で市の施策から排除されることは許されないのではないだろうか。まして健康や生命にも関わる非常事態の中で、自分たちの都合で線引きを行い、援助の手をさし伸べないという行為は人道にも反する、決して一度の謝罪では済まされない所業と言わざるを得ない。

これに対し、「あいちトリエンナーレ」の芸術監督だった津田大介はツイッターで「さいたま市の件は長期間我が国の首相、政府が隣国を叩くことを支持につなげてある程度成功してきたことが、地方の行政までトリクルダウンしたというシンプルな話では。水は低きに流れるし、それによって踏みにじられている人たちが不可視化されているわけだけど」（3月12日）と記したが、歴史に対する日本人の態度を問う問題だというのは、この事件の背景として、さらに根深い朝鮮観が根底にあることを感じさせるからだ。

かつて1923年の関東大震災で「朝鮮人が井戸に毒を入れた」というデマがもとで、一般の日本人が自ら虐殺に手を染めた過去を忘れ去ろうとしてきたことが、今日も地方行政を支え、直接住民に対している人たちの心ない言動につながっているのではないか。信じられないことだが、2016年の熊本地震の際にも「朝鮮人が毒をまいた」説が飛びかったという。歴史から学ぶことをやめたとき、無知につけこむ悪質なデマに踊らされ、非人間的な行動に走ってしまう愚を再びくり返すことを恐れなければならない。圧倒的な自然災害の恐怖のなかで、自らの不安を他者への攻撃で解消しようとする便法に今もしがみついているとしたら、私たちに未来はない。感染症だけではなく、これからも私たちを襲い続けるであろう自然災害や人的災害などの脅威は、もはや一国だけで解決できない水準となり、国境を越えた協力体制を一日も早く作りあげていくことが求められているのはまちがいない。

幸いにも今回のできごとに対しては、言論の対応はおしなべて市側の言動を批判的に見る内容が大勢だった。産経新聞などの報道の基調も抑制的なもので、13日に市が一転して朝鮮幼稚園への配布に踏みきった理由として、「枚数があったら違う配り方があったかもしれない。誤解されると困るが国立幼稚園なども入っていなかった。朝鮮学校だから外したわけではない」という市長の弁明を強調していることが目立つ程度だった。恐らくこうした言論の連携が市の態度変更にある程度のプレッシャーとなりえたことが、この問題を通じて見えた希望的要素といえるだろう。だが問題がこれで解決したわけではない。

市長の弁明を前面に出すことで、日本人の心に深く根を張る差別意識の表れだったという本質的な事件の側面を覆い隠す結果をもたらすことが憂慮される。さらに民族学校への授業料無償化の恩恵が、いまだに全国の朝鮮学校には届いていないことで、民族教育への偏見が再生産され続けていることも無視できない。言論は表面的な報道で終わらせることなく、民族教育が日本社会で保障される意味をねばり強く問い続ける必要があるだろう。

本書で扱った2年間という時間は長くもあり、短くもある。あるイメージを植えつけるための情報攻勢という点からはこの期間、執拗に続けられた嫌韓キャンペーンは充分すぎるほどの効果をあげたように見える。だが韓国や朝鮮に対する否定的なイメージの刷りこみが、植民地時代から延々と続けられて、そのときどきの政府の戦略の一環として政治利用されてきた歴史を顧みれば、ほんのわずかな期間に起きた現象でしかないともいえる。連続と集中を特徴とする組織化された日本社会の排外主義という病理は、ときに女性や、性的少数者、非日本人、沖縄の人びとにも向けられ、禍々しい毒素を吐き続けている。その毒はやがて自らを滅ぼす危険な病巣として日本社会に浸透しようとしている。だが、人間の身体に自然治癒能力が備わっているように、病巣をとり除く力は、ほかならない日本社会のなかにこそある。言論がその本来の力をとり戻し、果敢なメスをふるい痼疾化しようとするこれらの病根を抉りだそうとするなら、市民社会もその手を力強く支えていくだろう。

世界に目を向ければ、現代日本の状況は必ずしも日本のみに見られる特殊なことではないことがわかる。9・11以降、イスラム教徒に向けられた憎悪と不信の刃がテロの連鎖となって返ってくるようになったのはつい最近のことだった。そしてコロナウイルスによる感染被害の拡散が、今またアジア人に対する新たな偏見を煽りたてている。それは新しいワクチンの開発によっても根治されない、人間にとっては生得の悪疾なのかもしれない。それでもなお、その痛みを治癒する力を備えた言論が世界に存在し、私たちがその言葉を受けいれることができるなら、決して絶望することはない。言論は境界を越えて、共感する者同士を結びつける、もう一つの役割を果たすことができるのだから。

〈著者紹介〉

村山俊夫（むらやま・としお）

1953 年生まれ。1986 ～ 87 年、韓国に語学留学。韓国の 87 年民主化運動を目撃。

帰国後、韓国語教室運営など。2016 年再渡韓。キャンドル革命を経験し『韓国で起きたこと、日本で起きるかもしれないこと』（筆名・高木望、彩流社、2017）というレポートを出版。

他に、著訳書として『アン・ソンギ　韓国「国民俳優」の肖像』（岩波書店、2011）、『転んだついでに休んで行こう』（白水社、2013）、『この身が灰になるまで』（翻訳、緑風出版、2014）、『インスタントラーメンが海を渡った日』（河出書房新社、2015）、『千年京都の老舗の話』（韓国、21 世紀 Books、2019）などがある。現在、ソウル市在住。

つくられる「嫌韓」世論
―― 憎悪を生み出す言論を読み解く

2020 年 6 月 25 日　初版　第 1 刷発行

著　者	村　山　俊　夫
発行者	大　江　道　雅
発行所	株式会社 明石書店
	〒 101-0021　東京都千代田区外神田 6-9-5
	電話 03（5818）1171
	FAX 03（5818）1174
	振替　00100-7-24505
	http://www.akashi.co.jp/
装　丁	明石書店デザイン室
印　刷	株式会社 文化カラー印刷
製　本	協栄製本 株式会社

（定価はカバーに表示してあります）　ISBN978-4-7503-5039-4

サイバーハラスメント　現実へと溢れ出すヘイトクライム
明戸隆浩、唐澤貴洋、原田學植監訳　大川紀男訳　◎4500円

右翼ポピュリズムのディスコース　恐怖をあおる政治はどのようにつくられるのか
ルート・ヴォダック著
石部尚登、野呂香代子、神田靖子編訳　◎3500円

右翼ポピュリズムに抗する市民性教育
ドイツの政治教育に学ぶ
名嶋義直、神田靖子編　◎3600円

在日コリアン弁護士から見た日本社会のヘイトスピーチ
差別の歴史からネット被害・大量懲戒請求まで
金竜介、姜文江、在日コリアン弁護士協会編　◎2200円

原発危機と「東大話法」　傍観者の論理・欺瞞の言語
安冨歩著　◎1600円

前川喜平　教育のなかのマイノリティを語る
高校中退・夜間中学・外国につながる子ども・LGBT・沖縄の歴史教育
前川喜平、青砥恭、関本保孝、善元幸夫、金井景子、新城俊昭著　◎1500円

在野研究ビギナーズ　勝手にはじめる研究生活
荒木優太編著　◎1800円

10代からの批判的思考　社会を変える9つのヒント
名嶋義直編著　寺川直樹、田中俊亮、竹村修文、後藤玲子、今村和宏、志田陽子、佐藤友則、古閑涼二著　◎2300円

日韓歴史共通教材　調べ・考え・歩く　日韓交流の歴史
歴史教育研究会編著　◎2800円

日韓共同の歴史教育　21世紀をきりひらく授業実践交流の軌跡
三橋広夫編集代表
日韓教育実践研究会（日本）、慶南歴史教師の会（韓国）編集　◎2700円

北朝鮮帰国事業の研究　冷戦下の「移民的帰還」と日朝・日韓関係
菊池嘉晃著　◎8800円

「移民時代」の多文化共生論　想像力・創造力を育む14のレッスン
松尾知明著　◎2200円

新 移民時代　外国人労働者と共に生きる社会へ
西日本新聞社編　◎1600円

「徴用工問題」とは何か？
韓国大法院判決が問うもの　戸塚悦朗著　◎2200円

新 多文化共生の学校づくり　横浜市の挑戦
山脇啓造、服部信雄編著
横浜市教育委員会、横浜市国際交流協会協力　◎2400円

不平等と再分配の経済学　格差縮小に向けた財政政策
トマ・ピケティ著　尾上修悟訳　◎2400円

〈価格は本体価格です〉